분노의 포도
The Grapes of Wrath

서숙 교수의 영미소설 특강 8

The Grapes of Wrath

분노의 포도

서숙 지음

이화여자대학교출판문화원

〈서숙 교수의 영미소설 특강〉 시리즈를 펴내며

대학에서 영미소설을 강의한 지 20여 년이 훨씬 넘어가고 있을 때였다. 두 번째 안식년을 다녀온 그해 가을 학기, 나는 물었다. 그동안 내가 했던 그 많은 강의들은 다 어디로 갔나. 나와 함께 책을 읽었던 그 많은 학생들, 그들은 모두 어디서 무엇을 하나.

〈영미소설 특강〉 시리즈는 이런 질문에서 시작되었다. 나는 강의실에서 소설을 읽으며 우리가 거쳐 간 그 강렬했던 지적·정서적 경험을 되살리고 싶었고, 우리에게 살아 있음을 깨닫게 해주었던 그 순간들을 기억해내고 싶었다. 그들과 나의 사라진 시간에 정체성을 부여하고 싶었다.

지구력과 인내가 요구되는 특강 시리즈를 이런 개인적인 느낌만으로 시작한 것은 물론 아니다. 〈주홍글자〉, 〈위대한 개츠비〉, 〈허클베리 핀의 모험〉, 〈여인의 초상〉, 〈술라〉, 〈태양은 다시 떠오른다〉, 〈소음과 분노〉, 〈분노의 포도〉 등으로 이어지는 이 강의록을 통해 일반 독자들이 영미소설과 문화를 이해하는 데 일조하고 싶다는 마음도 크다. 무엇보다도 강의라는 형식의 글쓰기를 통해 소설 읽기의 즐거움과 소설 공부하기의 훈련이 별개의 것이 아님을 확인하고 싶다. 외국어라는 암호를 일단 풀어야 하는 경우에는 더욱 그렇다.

강의로 끝나버리는, 허공으로 사라지는 의미와 말들을 다시 붙들어 응시하면서 나는 활자가 열어주는 무궁한 세계를 재발견하는 듯하다. 그렇다. 까맣고 또렷한 글자들은 영롱한 생명을 품고 있는 씨앗들이다. 우리 눈에, 가슴에 뿌려진 씨앗들은 언젠가 싹을 피워낸다. 이 막강한 영상매체의 시대에 활자의 힘에 대한 이 깨달음은 나에게 새삼스럽고 소중하다.

나와 함께 소설을 읽으며 우리들의 텃밭을 가꾸었던 젊은이들에게 이 책을 드린다. 이 시리즈를 기획한 김용숙 선생님과 출판문화원장 권은미 선생님, 그리고 편집을 담당한 이혜지 선생님에게 감사드린다.

나는 2011년 은퇴했고 〈영미소설 특강〉 시리즈는 계속되고 있다.

서 숙

차례

The Grapes of Wrath

시작하면서

여러분, 안녕하세요? 오랜만이네요. 긴 겨울방학을 어떻게 보내셨는지요? 올겨울도 만만찮은 추위였지요. 여러분은 그래도 도서관에서, 편의점에서, 고향집에서, 아니면 원룸에서 각자 나름대로 잘 보냈을 거라 믿어요. 무엇을 했건 안 했건 또는 못 했건, 다 여러분의 시간의 축적물입니다. 여러분이 키우는 작은 나무 한 그루를 위한 거름이 될 것이에요. 그렇게 믿어요.

이번 학기에 우리는 미국의 1930년대, 대공황 시대를 대변하는 소설을 읽으려고 해요. 존 스타인벡(John Steinbeck)의 『분노의 포도The Grapes of Wrath』입니다.

대공황 시대에 대해서 어느 정도 알고 있나요? 무료급식소 앞 끝도 없이 늘어선 어두운 군중, 황사먼지 가득한 오클라호마

평원, 낡은 트럭을 타고 피난길에 오르는 초췌한 얼굴들. 또 이런 단어들도 떠오르지요? 후버빌, 뉴딜 정책, 공산주의…. 영화와 다큐를 통해 익숙해진 이런 것들이 우리가 알고 있는 대공황 시대의 모습이지요.

이는 1920년대와 대조적입니다. 재즈, 공중에 떠도는 수상쩍은 돈, 노란 대형 자동차, 젊은 여성들의 커트머리, 샴페인 파티…. 우리가 읽은 소설 『위대한 개츠비』의 세계였지요.

그래요. 1930년대에 관한 우리의 이해는 화려한 1920년대에 가려져 상대적으로 어둡고 단편적이라는 생각이 들어요. 전국을 휩쓴 암울한 경제 위기 때문이겠지요. 그러나 바로 그런 이유로 이 시대는 대단히 복잡하고 다양하고 흥미로운 시대입니다.

1929년 10월 29일 월가의 붕괴로 자본주의 질서에 파열음이 생기면서 온 나라가 살아남기 위한 소용돌이에 휩싸여요. 지각변동이 일어나요. 그 와중에 그때까지 가려지고 잊혀졌던 갖가지 요소들이 맹렬하게 자기 목소리를 내기 시작해요. 무엇보다 사회적 약자들, 소작인들, 노동자들의 삶이 부각되기 시작해요. 정치인과 지식인과 작가들이 그들을 향해 관심을 쏟고 그들을 대변하기 시작해요. 그리고 새로운 가치와 이념에 투신해요. 이래서 1930년대는 1920년대와 또 다른 의미로 정치 · 경제 · 문화 · 사회 전반에 걸쳐 변혁을 향한 다채롭고 역동적인 에너지가 흘러넘쳐요. 여러분, 1920년대와 1930년대를 함께 공부해 보세요. 흥미진진합니다.

미국 문학사에서 1920년대와 1930년대는 대단히 중요한 시기입니다. 알프레드 케이진(Alfred Kazin)은 그의 책 『30년대에 시작을 하며Starting Out in the Thirties』에서 두 시기를 이렇게 요약했어요. "눈부신 20년대(brilliant twenties)와 호전적인 30년대(militant thirties)." 두 시대의 특징이 절묘하게 나타나요.

또 이런 표현도 있어요. "자아에서 사회로(from self to society)", "망명객들의 귀환(exile's return)." 호황 속의 1920년대가 개인의 자아 탐구에 몰두했다면 월가의 붕괴 후 1930년대에는 개인들이 사회로 돌아온다는 뜻이지요. 1920년대의 예술가들이 유럽으로 망명의 길을 택했다면 1930년대의 작가들은 격변하는 미국 사회로 돌아왔다는 뜻이지요. 그래서 1920년대의 작가들이 예술을 위한 예술을 추구했다면 1930년대의 작가들은 사회 변혁을 위한 참여와 고발문학에 집중합니다.

나는 늘 이 두 시기에 대해 이런 상상을 해요. 여기 예술가를 꿈꾸는 청년이 있어요. 자유로운 세상에서 자신이 추구하는 이상을 실현하고 싶어요. 그의 부모는 엄청난 부자예요. 그러나 아들이 보기에 너무 속물이고 꽉 막혔어요. 소위 왕꼰대지요. 물론 로터리클럽 회원이고 보수 교회 열성 신자예요. 싱클레어 루이스가 '배빗(babbitt)'이라고 이름 붙였던 전형적인 1920년대

기득권자예요. 부모는 아들을 이해할 수 없어요. 부족한 것 없는데 왜 불만투성이인가. 이런 상황에서 젊은이는 두둑한 돈주머니를 차고 유럽으로, 파리로 떠나요. 돈 걱정 없이 자유롭게 숨 쉬면서, 세상을 보면서, 자기가 누구인지 찾고 싶어해요. 새로운 그림을 시도하고 난해한 형식의 시를 쓰면서 말이지요.

젊은 예술가들의 에너지로 충만했던 파리의 작은 카페들, 살롱들, 밤새워 작업하는 모습들이 떠오릅니다. 부러운 시절이지요. 이 시절을 기억해낸 헤밍웨이의 『움직이는 축제A Moveable Feast』가 생각나지요? 우디 앨런의 영화도 떠오르지요?

파리에서 살던 미국 예술가들은 대공황이 일어나자 앞다투어 고향으로 돌아와요. 유럽의 도시들을 떠돌며 예술을 논하던 이들은 그러나 이방인으로서 소외감을 느끼기도 했어요. 그러다가 지금 그들의 역할을 기다리는 집으로 돌아오는 것이지요. 이래서 1930년대는 지식인들, 예술인들의 참여의식이 지배했어요. 사회적인 문제에 관심을 가지고 이를 개선하기 위해 적극적으로 투신했어요. 이 책을 보세요. 말콤 카울리의 『망명자들의 귀환Exile's Return』.

대공황에 대해 간단하게 살펴볼까요? 대공황은 1929년 10월 29일 그 유명한 검은 화요일, 월가의 주식 폭락으로 시작됩니다. 이후 10여 년에 걸쳐 20세기의 가장 엄혹한 경제적 붕괴가 계속되고 이는 정치 · 사회 · 문화 전반에 걸쳐 미국의 지형을 바꾸어 놓았어요.

대공황을 초래한 요인은 다양합니다. 월가가 붕괴되고 은행 제도가 실패해요. 1차 대전 이후의 경제 호황과 기술 문명의 발달은 냉장고, 세탁기, 자동차 등 미국인들에게 과도한 소비 열풍을 가져와요. 하여간에 검은 화요일 이후 수많은 실직자들, 특히 백인 가장들은 깊은 자기회의와 자책에 빠져요. 이들의 심리적 · 정서적 타격은 오래도록 미국인들의 정신에 심한 후유증을 남깁니다.

후버 대통령은 이런 상황의 심각성을 깨닫지 못해요. 그는 위기를 타개하기 위해 필요한 것은 정부의 개입이 아니라 국민들의 인내와 노력이라는 입장이었어요. 공황이 깊어가자 직장과 집을 잃은 수십만 명이 미국 전역에 판자촌을 세워요. 카드보드, 유리, 깡통, 천막 등으로 세워진 '후버빌(Hooverville)'이 등장하지요. 찬바람을 막기 위해 사용되는 신문지를 '후버 담요', 마분지로 구두 뒷굽을 대면 '후버 가죽' 등, 후버 대통령의 실책을 비난하는 단어들도 이때 생겨났어요. 주로 강변에 밀집해 있는 후버빌의 환경은 비위생적이고 암울했어요. 텐트 옆 보잘것없는 채소밭에서 먹거리를 얻고 개인 기부자들의 도움도 받았어요.

민주당의 루스벨트 대통령과 그의 뉴딜 정책이 등장하는 것은 이런 상황에서입니다. 뉴딜 정책의 핵심은 위기를 해결하기 위해 연방정부가 적극 개입하는 것이었어요. 정부 주도의 다양한 프로젝트와 프로그램이 등장합니다. 루스벨트 대통령은 먼저 금주법을 합법화합니다. 그리고 공공사업촉진국(WPA, Works Progress Administration)을 통해 건설 사업을 시작해요. 대표적인 것이 테네시강 유역의 댐 건설(Tennessee Valley Authority Act)이지요.

또 있어요. 농업조정법을 만들어 농산물 과잉 생산을 규제하고 사회보장법을 만들어 약자를 위한 안전판을 마련해요. 산업부흥법을 통해 제조업의 과잉 생산을 막아요. 임금교섭권이 보장되고, 최저임금 · 최고노동시간이 명기돼요. 무엇보다 뉴딜 정책은 예술가, 작가, 연극인, 음악가들을 위한 프로젝트를 개발합니다. 창작 활동이 공공의 가치와 목적을 지향하도록 프로그램을 설계하고 예술가들에게 일자리를 제공해요. 이런 점에서 뉴딜 예술정책은 예술에 대한 공적 지원의 좋은 모델로 평가됩니다.

하여간에 뉴딜 정책 4년 만에 미국의 GNP는 대공황 이전 수준으로 회복되어 수백만 개의 새 일자리가 창출됩니다. 수정자본주의의 탄생, 즉 국가가 경제에 개입하여 경기 부양을 한 것이지요. 이는 국가의 간섭이 없어야 경제가 발전한다는 당시의 자유방임적 논리와는 다른 것이었습니다.

자, 오늘날의 사회보장 제도, 실업 급여 등은 뉴딜 정책의 성과로 인정되고 있어요. 무엇보다 뉴딜 정책의 영향으로 새로운 정치연합의 분위기가 형성되었다고 해요. 백인 노동자들, 블랙 아메리칸들, 진보 성향의 지식인들이 연대할 수 있는 가능성이 생겼다는 것이지요.

이제 1930년대를 지배하던 사회적 · 문화적 풍토를 살펴봅니다. 월가의 붕괴는 미국 자본주의와 민주주의에 대한 심각한 도전이자 위기였어요. 그때까지 미국 사회를 지탱해주던 근간이 흔들리자 공산주의에 대한 관심이 높아집니다. 1917년 10월 혁명 이후의 러시아가 새로운 대안으로 떠오른 것이지요.

여러분, 러시아 혁명에 대해 어느 정도 알고 있나요? 19세기 말 제정러시아의 부패와 무능은 러일전쟁의 패배 이후 더욱 악화되었고, 이는 레닌이 주도하는 볼셰비키 혁명을 가져와요. 세계 최초로 마르크스주의에 입각한 공산주의 국가, 소비에트연방이 수립됩니다.

1920~30년대 러시아 혁명은 광범위한 국제적 지지를 받았어요. 이 시대의 대표적인 지성인들, 아인슈타인, 비트겐슈타인, 벤야민, 타고르 등도 볼셰비키들과의 입장 차이에도 불구하고 혁명정신을 긍정하고 흠모했다고 해요.

〈녹색평론〉에 실린 「100년 후에 되돌아보는 러시아 혁명」이라는 글에서 박노자 교수는 그 이유를 10월 혁명의 급진성과 해방성에서 찾아요. 예를 들어, 혁명은 가난한 소련에서 무상

의료와 무상 교육을 가능하게 했어요. 여성들에게 투표권을 부여하고 남녀평등을 법제화했어요. 또한 영국과 프랑스는 식민지에서 법적으로 백인과 비백인을 차별 대우했지만 러시아에서는 유대인 트로츠키와 그루지야인 스탈린이 지도자가 되었어요. 한마디로 러시아 혁명은 민족 해방 운동가들에게 강력한 연대의 메시지를 전파했던 것이지요. 이래서 러시아 10월 혁명은 제3세계 운동의 모태 역할을 했다고 합니다.

하여간에 이 시대의 많은 미국의 지식인들과 작가들은 공산주의자가 되거나 동반자적인 입장을 취해요. 1930년대를 '붉은 십년(Red Decade)'이라 부르기도 하는 이유입니다. 그리고 이때의 후유증은 2차 대전 후 혹독한 매카시즘으로 나타나지요.

이래서 1930년대는 참여문학, 고발문학, 그리고 프롤레타리아 문학이 대세를 이룹니다. 1920년대의 작가들, 가령 피츠제럴드와 헤밍웨이, 존 더스패서스 등이 중산층 출신이었다면, 1930년대의 많은 작가들은 노동 계층이나 가난한 이민자 가정 출신이었어요. 유대인들, 흑인들, 아르마니아인들, 아일랜드인들 등 다양한 배경의 작가들이 공장 지대의 삶을, 도시 빈민가와 낙후된 농촌의 삶을 그려냈어요. 헨리 로스, 리처드 라이트, 헨리 밀러 등이 대표적이지요.

1930년대는 또한 다른 문화에 대한 관심이 높아진 시기입니다. 인류학이 발달하고 일본 문화에 대한 루스 베네딕트의 『국화와 칼』도 이때 나오지요.

무엇보다 이 시대는 다큐문학의 전성기이기도 했어요. 자본주의가 흔들리면서 낙후된 지역의 사람들에 대한 관심이 증가하고 그들의 삶과 현실이 사진과 글을 통해 알려집니다.

다큐문학에 대해 좀더 알아보기로 하지요. 『다큐멘터리 표현과 1930년대의 미국Documentary Expression and Thirties America』의 저자 스토트(William Stott)는 다큐멘터리의 특징을 이렇게 말하고 있어요. "허구가 아닌 실재하는 장소와 사건, 살아 있는 인물의 이야기를 카메라에 담아 내적 진실에 도달하려는 시도이다." 또 이런 의견도 있어요. "말로 모든 것을 다 나타낼 수 있다면 카메라를 들지 않았을 것이다", "다큐란 사실적인 것의 창조적 해석이다", "모든 예술은 일종의 탐사이다."

어떠세요? 우리는 경험을 통해 이런 말들이 무엇을 뜻하는지 이해해요. 멸종 위기에 처한 침팬지나 야생화에 대한 글과 이미지들을 보면서 우리가 느낀 것들, 사라지는 것들의 소중함과 그것을 지켜야겠다는 자각, 몰랐던 것에 대한 깨달음, 중동과 아프리카 난민들에 대한 경각심을 기억해요.

그래요. 대공황 시대에 다큐문학이 활발했던 것은 당연해 보입니다. 이 시대의 작가들은 자신들의 글로 사회를 변화시키고 싶었어요. 사회적 약자들의 현실을 그대로 보여줌으로써 자본주의의 폐해를 고발하려고 했어요. 그래서 다큐의 초점은 주로 소작인들, 공장 노동자들, 그리고 오키들이었어요.

또한 소외된 이들의 삶과 동떨어져 있었던 백인 중산층 독자들은 그들에 관한 일차적인 정보를 원했어요. 물론 이런 상황에서 만들어진 다큐에는 위험 요소도 따릅니다. 작가들은 독자의 기대에 부응하기 위해 소작농이나 오키들의 삶을 상투적으로 그리거나 그들을 제도의 피해자로만 강조할 수 있어요.

이 시대의 대표적인 다큐문학 『우리 이제 유명한 사람들을 찬양하자Let Us Now Praise Famous Men』는 1930년대의 이런 분위기에서 만들어졌어요. 1936년 신문기자이자 시인인 제임스 에이지와 사진작가 워커 에반스는 〈포춘〉으로부터 남부 오지 소작인들의 일상적인 삶에 관한 다큐 형식의 기사 작성을 의뢰받아요. 두 사람은 그해 여름 대략 6주 동안 앨라배마에서 백인 소작인 가족들과 거주해요. 그들의 오두막에서 함께 식사를 하고 잠을 자요.

그러나 에이지와 에반스는 〈포춘〉이 원하는 기사를 쓸 수 없는 사람들이었어요. 두 사람은 함께 먹고 자면서 알게 된 소작농 가족들의 삶을 사회적 문제를 드러내는 샘플로만 관찰하고 분석하고 설명해버릴 수 없었어요.

〈포춘〉은 두 사람의 글과 사진을 게재하지 않았어요. 1941년 이들의 작품은 책의 분량으로 보완되고 확대되어 출판됩니다. 이 책은 비평가들의 관심을 받지 못하고 600부도 팔리지 않았고, 이후 절판 상태에 들어갑니다.

그러나 이 책이 가진 강렬한 힘을 시간이 마모시키지 못해요. 이 책의 초판을 냈던 출판사가 1960년 새롭게 재판을 내놓았어요. 〈뉴욕 헤럴드 트리뷴〉은 이 책을 현대문학에서 가장 유명한 알려지지 않은 책이라고 했어요. 또한 스토트는 말했어요. "이 책은 다큐 장르의 절정을 보여주면서 동시에 그 한계를 깨뜨린다." 오늘날 이 책은 미국의 고전으로 인정받고 있어요.

다큐 장르의 결정판이면서 그것의 한계를 깨뜨리는 이 책의 특징은 무엇일까요? 이 책은 다큐가 빠지기 쉬운 오류를 범하지 않아요. 즉 소작인들을 제도의 희생자로만 부각시키지도 않고 그들의 절망을 과장하지도 않아요. 손쉬운 대안이나 해결책을 제시하지도 않아요. 이런 특징은 작가 제임스 에이지의 입장과 상관있어요.

그는 남부 출신으로서 동부의 명문 필립스 엑시터와 하버드를 거쳐, 북부 지식인의 중심에서 일하고 있어요. 그의 이런 자의식은 남부 오지 소작인들의 남루한 삶을 관찰하고 기록하는 자신에 대한 불편함으로 나타나기도 해요.

그의 마음, 이해하지요? 친척이나 형제들의 가난한 삶을 파헤쳐 시장에 파는 것과 같다고 할까요? 이렇게 쓰여진 그의 문장들은 많은 경우 시 같아요. 자기 고백이나 명상록 같기도 해요. 느닷없이 베토벤을 듣는 방법에 대한 긴 설명이 나오고, 마르크

스의 문장을 따오기도 해요. 낡은 가구들, 옷들, 때로는 구부러지고 힘줄이 드러나는 농부의 두 손을 자세하게 묘사해요. 정적에 대해서도 묘사해요. 그것들을 응시해요.

여러분, 감이 좀 오지요? 왜 잡지사가 이 원고를 거부했는지. 하여간에 이 책에는 소작농들의 삶에 대한 연민, 인간으로서의 그들에 대한 경외감, 그들의 삶을 파헤치는 자신에 대한 죄의식, 이런 복합적인 감정들이 가득해요.

이 책은 사회과학자 혹은 저널리스트의 다큐가 아닙니다. 실존적이고 철학적인 에세이라고 할까요? 이 책은 많은 예술가들에게 영감을 줍니다. 오페라 〈텐더 랜드The Tender Land〉를 작곡한 아론 코플랜드(Aaron Copland), 텔레비전 시리즈 〈더 와이어The Wire〉의 작가 데이비드 사이먼(David Simon) 등이 대표적이지요.

자, 지금까지 이 시대의 대표적 문학 형태인 다큐를 살펴보았어요. 1930년대, 사회 고발과 변혁이라는 과제 앞에서 작가들이 무엇을 보고 어떻게 전달하려고 고민했는지 알아보았어요.

이제 『분노의 포도』의 작가 존 스타인벡에 대해 살펴보지요. 스타인벡은 1930년대 참여문학 또는 고발문학의 대표적인 작가로 알려져 있어요. 그의 소설들은 주로 사회적 주변인들의 삶을 다루고 있어요. 농장, 광산, 공장 등에서 일하는 노동자들과 그들의 현실을 냉정하게, 그러나 항상 유머와 따뜻함을 가지고 그려내요.

그의 생애를 들여다보지요. 고등학교 졸업 이후 그의 삶과 소설들을 일별해보면 스타인벡은 1930년대 문학을 대변하는 작가라는 생각이 들어요. 그는 1902년 캘리포니아의 작은 도시 살리나스에서 태어나요. 아버지는 군청의 출납관리였고 어머니는 초등학교 교사였어요. 그는 어머니에게서 예술적 성향을 물려받았다고 합니다. 고등학교 졸업 후 스탠퍼드대학교 영문과에 입학하지만 곧 휴학한 뒤 뉴욕으로 가요. 그리고 신문사에서 기자로 활동하면서 목장, 도로 건설 현장 등에서도 일용직으로 일해요. 그의 중요 작품들은 주로 이런 경험들을 기반으로 쓰여졌어요. 몇 년 뒤 다시 캘리포니아로 돌아와 대학을 중퇴하고 막노동을 하면서 본격적으로 글쓰기에 몰두해요. 그러다가 1930년대에 연달아 주목받는 소설을 써내요.

『토르티야 평원Tortilla Flat』(1935)에서는 다문화 가족들의 가난하고 규범에 얽매이지 않는 다양한 삶을 유머와 페이소스를 가지고 그려내요. 『승산 없는 싸움In Dubious Battle』(1936)에서는 과일 따는 노동자들의 파업을 다루면서 착취당하는 노동자들과 냉소적인 농장주들을 대비시켜요. 무엇보다 이 소설에서 그는 노동자들을 이념의 도구로 사용하려는 공산주의자들을 비판해요. 당시 미국 사회가 공산주의에 경도되고 있던 상황을 고려하면 노동자들의 주장에 동조하면서도 이를 이용하려는 공산주의자들을 비판하는 그의 입장은 주목할 만합니다.

『생쥐와 인간에 대하여Of Mice and Men』(1937)에서 그는 떠돌이 농장 일꾼들의 삶에 깊은 공감을 표해요. 이 소설을 희곡으로 쓰기도 했는데 미국 희곡비평가상을 받아요. 1939년에는 『분노의 포도』를 발표했고 퓰리처상을 탑니다. 이후 영화로도 잘 알려진 『에덴의 동쪽The East of Eden』과 『우리들의 불만의 겨울The Winter of Our Discontent』을 출간해요. 58세이던 해, 그는 반려견 찰리와 함께 직접 조립한 미니 캠핑카를 타고 미국 대륙 일주 여행을 해요. 이때의 경험을 여행 산문으로 쓴 것이 『찰리와 함께한 여행: 미국을 찾아서Travels with Charley in Search of America』입니다.

그는 〈뉴욕 헤럴드 트리뷴〉의 종군기자로 북아프리카, 영국, 이탈리아, 소련 등을 여행하며 기사를 쓰기도 하고, 〈뉴스데이〉 특파원으로 베트남에 참전 중인 둘째 아들을 만나기도 해요. 『미국과 미국인America and Americans』이라는 에세이집도 출간합니다. 1948년 미국예술원 회원이 되었고 1960년 노벨문학상을 받아요. 그리고 1968년 뉴욕에서 심장마비로 사망합니다.

소설 『분노의 포도』를 관통하는 기본 정서는 부조리한 제도, 자본주의 시장경제에 대한 작가의 분노와 이 제도의 피해자들,

이주 농민들에 대한 강렬한 관심과 연민입니다. 스타인벡은 이 소설을 위해 사전 준비를 철저히 했다고 해요. 그는 오클라호마에서 소작농 가족과 같이 살기도 했고 그들과 캘리포니아로 동행하기도 했어요.

이 소설의 배경을 보세요. 여러분 들어보셨지요? '더스트 볼(dust bowl).' 1930년대 오클라호마, 텍사스 등에 극심한 가뭄이 계속되고 모래 섞인 강풍이 불어닥쳐요. '더스트 볼'이라는 흙모래 바람으로 뒤덮인 황진 지역이 이렇게 생겨납니다. 밀 농작에 집중되었던 이 지역은 살인적인 가뭄으로 농작물이 타죽어요. 은행에 토지를 저당 잡힌 농부들은 소작농으로 전락하고 빚을 갚을 수 없어 파산합니다. 그들의 오랜 삶의 터전은 트랙터에 밀려나고 이주 난민이 된 그들은 캘리포니아로 쫓기듯 떠나요.

『분노의 포도』는 더스트 볼 지역을 떠나 오렌지와 햇빛의 땅, 캘리포니아를 찾아가는 조드 일가의 고난에 찬 피난길을 다루고 있어요. 이들이 농토를 빼앗긴 이유, 길 위에서 그들이 마주하는 위기, 캘리포니아에 도착해서 겪어야 하는 차별과 굶주림, 대지주들의 횡포, 노동자들의 파업 등이 다큐의 형식으로, 에세이 형식으로, 소설의 형식으로 그려져요. 그리고 이 모든 것을 관통하는 것은 자본주의의 모순에 대한 작가의 냉정한 통찰력과 고발정신입니다.

그러나 그는 이 소설에서 이주 농민들, 피난민들을 제도의 피해자로만 그리지 않아요. 고난을 헤쳐가는 인물들에게 끝까지 존엄성을 부여해요. 사람끼리의 연대에 주목해요. 그래서 이 소설에는 잘못된 제도에 대한 분노만이 아니라 웃음과 배려, 그들의 강한 생존의지가 공존해요.

하여간에 이 소설에서 작가는 미국 역사의 격동기, 자본주의의 실체를 파헤침으로써 미국인들의 의식과 양심에 큰 충격을 주었어요. 작가 돈 드릴로가 주장하듯이 '양심의 지형'을 그려냈어요.

이 소설은 출간 즉시 찬반 논란을 불러왔고, 베스트셀러가 되었고, 퓰리처상과 노벨문학상 수상으로 이어집니다. 영화로도 만들어져서 대성공을 거두지요. 진보 진영에서는 이 소설을 프롤레타리아 소설의 승리로 보았고 우파 목사들과 기업형 농부들과 정치인들은 저급한 공산주의 선전물이라 공격했어요.

비평가들은 이 소설의 줄거리가 에피소드적이고 감상적이라고 했어요. 또 지리적 · 역사적 사실도 정확하지 않다고 했어요. 오클라호마와 캘리포니아 사람들은 이 소설이 자신들의 삶을 지나치게 비참하고 비정하게 그렸다고 판금을 주장했어요. 실제로 이 소설은 반체제적인 주제와 여과되지 않은 거친 표현 때문에 도서관에서 배제된 적도 있어요.

한 가지는 분명해요. 이 소설만큼 끊임없이 평론가, 작가, 역사학자 등이 연구하고 질문하고 분석한 책도 드물어요. 비난과 칭송을 동시에 받은 작품이 드물어요. 그러나 이런 상반된 입장에도 불구하고 일관되게 인정받는 이 소설의 특징이 있어요. 이 소설에서 그는 미국적 가치와 질서의 기본이 되는 자본주의에 대한 강력한 도전과 비판을 제기해요. 진보적 정치적 입장, 노동자들의 날카로운 현실 인식, 캘리포니아로 대변되는 미국의 꿈의 허구성을 특유의 해학적인 스타일로 그려내요.

그래요. 자본주의가 초래한 양극화에 대한 그의 비판, 사회 정의와 개인의 존엄성에 대한 그의 신념은 이 소설을 대표적인 미국적인 소설로 인정받게 합니다.

이제 이 소설 속에 녹아 있는 몇 개의 중요한 미국적인 사상 또는 가치들을 살펴보지요. 무엇보다 에머슨의 '오버소울Oversoul'이 있어요. 아시지요? 에머슨은 19세기 뉴잉글랜드 출신으로 미국의 초절주의 사상을 대표하는 철학자이자 시인입니다. 이 시기의 또 다른 인물로는 『월든』의 작가로 잘 알려진 소로가 있어요.

에머슨이 활동한 19세기 초중반은 미국 역사에서 중요한 위치를 차지해요. 영국의 식민지 상태에서 벗어나 정치적 독립을 이룬 미국은 문화적 정체성 확립에 주력해요. 에머슨은 「자립심Self-Reliance」과 「미국 학자American Scholar」와 같은 에세이에서 미국의 정신적 자립을 역설해요. 미국 작가들은 유럽문학 전통에서 벗어나 신대륙 고유의 역사와 경험, 땅에 대한 글을 써야 한다는 것이지요. 이 시기가 뉴잉글랜드 문예부흥기였다는 것은 시사하는 바가 큽니다. 가령 우리가 함께 읽은 호손의 『주홍글자』는 초기 뉴잉글랜드 퓨리턴 공동체를 배경으로 한 소설이지요.

에머슨은 신은 개인의 마음속에 존재하며, 개인은 마음속의 신과 교회나 목사의 개입 없이 교감할 수 있다고 교단에서, 재야강단에서 설교했어요. 이는 당시의 풍토에서는 파격적인 입장이었어요. 「오버소울」은 그의 아홉 번째 에세이입니다. 그는 우주만물에는 하나의 큰 영혼, 즉 모든 것을 통합하는 '오버소울'이 있다고 믿었어요. 개인은 고유의 영혼을 가지고 있으며 동시에 삼라만상에 내재하는 큰 영혼에 연결되어 있다고 했어요. 그러므로 개인은 결코 고립되지 않고 우주적인 영성의 한 부분을 이루는 존재인 것이지요.

보세요. 그러니까 그가 강조하는 오버소울의 핵심은 개인의 고유성을 인정하면서 동시에 그 개인이 천지만물 속에 살아 있는 큰 영성과 연결되어 있다는 것이지요. 에머슨의 이 초절주의적이고 자기 긍정적인 사상은 이 소설 속에서 재야 철학자이자 목사, 때로는 교육자 역할을 하기도 하는 짐 케이시와 그의 영향을 받은 톰 조드를 통해 전달됩니다.

이 소설에는 또한 강렬한 휴머니즘과 실용주의적인 가치가 녹아 있어요. 너나없이 피난길에 나선 실향민들의 절박한 상황을 고려할 때 인물들, 특히 어머니를 비롯한 여성 인물들을 통해 강조되는 것들, 즉 공감하고 이해하고 작은 것들도 서로 나누는 행동은 결코 작은 덕목이 아닙니다. 이런 마음들이 척박한 환경 속에서도 이들을 끝까지 전진할 수 있게 하는 힘인 것을 작가는 곳곳에서 보여줍니다.

무엇보다 작가는 목사 케이시를 통해 강조해요. 피난민들에게 필요한 것은 죽어서 천당 가는 것이 아니라, 지금 이곳에서 일하고 먹고 아이들을 키우는 것이라고 해요. 중요한 것은 죽은 사람들이 아니라 살아 있는 사람들이 사람답게 사는 것이라고 해요.

그래요. 이들이 피난길에서 예측하지 못한 위기에 봉착했을 때 필요한 것은 즉각적인 현실 대처 능력입니다. 따져보고 생각해볼 여유가 허용되지 않는 상황에서 인물들은 순발력 있게 판단하고 선택합니다. 이들의 실용주의적인 사고와 행동은, 그렇지요, 신대륙의 개척사와도 상관있어요. 서부 영화의 고전으로 알려진 〈쉐인Shane〉 보셨나요? 사방이 인적 없는 미개척지. 그 한가운데 통나무집. 어머니, 아버지, 어린 소년. 어디선가 한 무리의 남자들이 말 타고 총 들고 나타나 자기들의 영역을 침범했다고 위협해요. 그때 어디선가 한 의인이 말 타고 총 매고 나타나요. 한바탕 총소리가 나고 의인은 다시 사라져요.

이런 급박한 상황에 대응하는 임기응변식의 삶의 태도는 특히 톰 조드를 통해 나타나요. 감옥에서 4년을 보내야 했던 그는 앞날의 계획을 세울 수 없었고 그래서 지금 이 순간 자기 앞에 있는 일에 집중하는 법을 익혀요. 피난 행렬을 보며 케이시가 앞으로 다가올 사태에 대해 걱정할 때 톰은 말해요. "난 이 피난길을 계속 가는 것만 생각할 거예요."

또 하나 이 소설에서 눈여겨볼 것은 전통적인 가족의 정의가 변한다는 것입니다. 뿌리 뽑혀 길 위에 나선 피난민들 사이에서 농본 사회에 근거했던 가부장 질서와 혈연 중심의 가족 개념이 변해요. 처음 만난 사람들이 서로 돕고 보완하면서 역경을 이겨 나가고, 이것이 공동체적인 연대의 가능성을 보여줍니다.

한 가지 더. 앞에서 오클라호마 지역에 불어닥친 모래 회오리가 만들어낸 더스트 볼(dust bowl)을 언급했지요? 소설은 먼지 바람에 파묻힌 자욱한 풍경과 집들의 묘사로 시작되어 무섭게 쏟아지는 폭우와 폭풍 속에서 조드 일가가 구사일생 탈출하는 장면으로 끝나요. 시스템의 붕괴와 자연의 대재앙이 이 소설의 배경을 이루는 것이지요.

그래요. 이 소설에 나타나는 무서운 자연재해는 단순히 천재지변이 아니에요. 인간의 탐욕과 과학기술에 대한 맹신, 땅에 대한 착취 등과 합쳐진 재앙입니다. 중간중간의 에세이들을 통해 작가는 이를 통렬하게 경고해요. 과학의 발달이 과잉생산을 낳고 살충제와 비료와 제초제가 토양을 병들게 만드는 과정을 반복해서 보여줍니다. 그러면서 땅과 절연된 인간 삶의 황폐함을 강조해요.

이 소설은 피난길에 나선 조드 일가의 삶을 보여주는, 그러니까 길 위의 이야기예요. 험난한 이주 난민들의 이야기이고 이들이 거쳐 가는 광활한 미대륙에 관한 이야기이기도 해요. 조드 일가의 피난 스토리는 일견 밋밋하게 읽힐 수 있어요. 감상적이고 반복적이기도 해요. 그들은 일자리를 찾아 머나먼 캘리포니아를 향해 고속도로를 달려가요. 밤이 되면 강가에 천막을 치고 끼니를 해결하고 다시 떠나요. 이런 일이 계속돼요. 그 와중에 노인들은 병들어 죽고, 힘든 피난길을 견딜 수 없는 이들은 가족들을 떠나기도 해요. 낯선 가족들이 만나 서로 도움을 주고받으며 잠깐 동안의 연대를 이루기도 해요.

그래요. 그들이 피난길을 계속 갈 수 있는 이유는, 거기 그곳, 캘리포니아로 대변되는 일자리, 좋은 삶에 대한 기대와 희망 때문입니다. 그런 의미에서 이 소설은 미국적이에요. 구대륙에서 신대륙에 대한 희망을 가지고 배를 타고 험난한 대서양을 건너온 초기 이민자들의 정신과 이어져 있어요.

그런데 보세요. 작가는 일견 단조로운 이런 줄거리를 새로운 소설 기법으로 보완하고 있어요. 그는 막간 기법, 즉 줄거리 중간중간에 에세이를 넣어요. 30장으로 이루어진 소설의 6분의 1

에 해당하는 막간의 장들은 이 소설의 사회 · 역사적 배경이 되는 사건들을 다룹니다. 독자들이 조드 일가의 현재의 곤경을 이해하도록 맥락을 제공하는 것이지요.

그래서 소설은 크게 두 부분으로 나눌 수 있어요. 한편으로는 스토리의 전개를, 다시 말해 조드 일가에게 일어나는 일들을 전통적인 기법으로 그려요. 또 한편으로는 막간에서 스토리들이 발생하게 된 원인을 다뤄요. 이 글들은 분석적인 논문이기도 하고 강력한 고발이기도 하고, 때로는 감성적인 에세이 같기도 해요.

우리는 번갈아가며 텍스트와 콘텍스트를 읽어요. 가령 어떤 사람이 길 위에 쓰러졌다면, 그다음 장에서는 왜 길 위에 쓰러지게 되었는지, 즉 병이 났는지, 술에 취했는지, 또는 정리해고를 당했는지 등에 대한 설명이 나와요. 이해가 되지요?

그래서 우리는 대공황 시대 미국 고속도로를 채우던 거대한 디아스포라 행렬과 만나면서 한편으로는 이들을 만들어낸 사회적 · 경제적 모순, 대자본과 은행의 횡포에 대해 알게 돼요. 피난민의 행렬에 사회적 · 역사적 틀을 부여한 것이지요. 이를 통해 우리는 모순된 제도뿐만 아니라, 과학의 발전이 가져온 예상치 못한 폐해, 무엇보다 흙과 인간의 관계에 대한 근본적인 통찰과 만나게 돼요. 그래서 역사와 소설이, 소설과 현실이 어떻게 긴밀하게 연결되고 있는지 생각하게 돼요.

스타인벡이 도입한 이런 형식은 장단점이 있어요. 먼저 독자는 줄거리가 반복된다고 생각되면 중간중간의 에세이들을 읽어도 돼요. 그러면서 당시 자본주의 붕괴와 자연재해 등에 대한 전반적인 이해를 하게 됩니다.

동시에 이런 형식은 줄거리의 연속성을 방해할 수 있어요. 이야기가 계속되다가 중간에 개입되는 에세이로 인해 흐름이 끊어지기도 해요. 독자는 줄거리와 에세이를 읽는 호흡 또는 감정의 차이를 조절해야 해요. 하지만 전체적으로는 중간에 개입되는 콘텍스트로 인해 텍스트에 중심이 생기고 탄력이 붙기도 합니다. 색다른 책 읽기 경험이지요.

다시 강조하지요. 이 소설에서 스타인벡은 이주 난민들과 같은 입장을 취해요. 중립적인 입장에서 관찰하듯 난민들의 역경과 고난을 그리고 있지 않아요. 분명하게 참여해요. 그래서 그의 언어는, 그의 문장은 때로는 신랄하게 때로는 연민에 차서 피난민들이 거쳐 가는 고난을 독자들에게 전달할 수 있어요.

계속하지요. 이 소설은 30장으로 이루어지는데, 3분의 1은 조드 일가가 피난길에 나서기 전의 준비과정으로 되어 있어요. 또 3분의 1은 길 위에서 일어나는 일들에 관해서예요. 나머지는 캘리포니아에 도착해서 이들이 겪는 일들에 관해서입니다. 정리가 되지요?

피난을 떠나기 전에 복잡하고 지루하게 준비하는 모습, 그들이 느끼는 상실감과 미래에 대한 불안과 기대, 길 위에서 일어나는 돌발적인 사건들, 처음 만나는 사람들과의 교류와 헤어짐이 자세하게 그려져요. 그들이 도착한 캘리포니아에서 부딪히는 시련과 고난들도 자세하게 그려져요.

그래요. 이 소설에서는 준비하는 과정, 길 위에서 일어나는 일들, 그리고 도착한 뒤에 일어나는 일들 하나하나가 똑같이 중요하게 다루어져요. 무엇을 뜻하나요? 그렇지요. 준비와 과정과 도착, 그것이 긴밀하게 연결되어 있는 것을 우리는 계속 확인하게 돼요.

이제 등장인물들을 간단하게 소개합니다. 할아버지, 할머니, 큰아버지, 아버지, 어머니, 장성한 아들 셋, 노아, 톰, 앨, 그리고 어린 아들과 딸, 만삭의 딸 로저샨과 그의 남편, 그리고 목사 케이시. 자, 이 대가족이 가재도구를 허름한 트럭에 싣고 피난길에 나섰다고 생각해보세요. 일주일 또는 한 달 이상을 길에서 먹고 자며 달려야 한다고 가정해보세요.

어머니를 보세요. 어머니는 끼니 준비를 하고 먹이고 설거지를 하고 가족들을 챙깁니다. 무엇보다 그녀는 피난길에서 가족의 중심을 잡아주는 사령관처럼 묘사돼요. 아버지를 보세요. 농사짓는 삶에서는 그가 집안의 대소사를 결정하는 가장이었어요. 그런데 모든 것이 불확실한 길 위에서는 가장의 역할도 흔들려요. 어머니와 아버지 두 사람은 이런 변화에 적응해요.

그래서 스타인벡은 이 소설에서 가부장 질서가 안고 있는 경직성을 유연하게 변화시켰다는 평가를 받기도 해요.

이 소설의 중심인물, 둘째 아들 톰 조드를 보세요. 소설이 시작되면 우리는 제일 먼저 그를 만나요. 톰은 술김에 싸움이 붙어 사람을 죽이고 감옥에 갔다가 4년 만에 가석방으로 풀려났어요. 집으로 가는 길에 우연히 같은 동네 목사였던 케이시를 만나 동행해요. 그리고 차츰 그의 영향을 받아 난민들의 현실에 눈뜨게 돼요.

짐 케이시, 한때 목사였던 그는 기존 기독교 교리를, 선과 악의 구별을 거부하고 스스로 터득한 삶과 인간에 대한 통찰력을 보여줘요. 재야 철학자 또는 교육자와 같은 인물로 그려지는 그는 노동운동가로 변신해요. 케이시는 이 소설에서 스타인벡이 전하려는 메시지, 오버소울, 즉 사람과 우주의 큰 연대를 강조해요.

이 집의 큰딸 로저샨을 보세요. 그녀는 만삭의 몸으로 힘겨운 피난길에 나서요. 어느 지점에서 남편이 떠나버리고 아기를 사산하는 고통을 겪어요. 그녀는 처음에는 평범한 젊은 여성으로 그려져요. 그러나 힘든 피난길을 거치며, 어머니의 의연한 모습을 보며 성숙하게 변해가요. 무엇보다 작가는 그에게 중요한 임무를 부여합니다. 절망 속에서도 어떻게 생명의 연대가 계속될 수 있는지를 소설의 끝에서 그녀의 행동을 통해 전달해요.

이제 이 소설의 제목을 보세요. '분노의 포도'라는 이 표현은 요한계시록 14장 19~20절에 나와요. 여러분이 아는 것처럼 계시록은 종말에 일어날 일들에 대한 그리스도의 계시를 보여 주지요. "천사가 낫을 땅에 휘둘러 땅의 포도를 거두어 하나님의 진노의 큰 포도주 틀에 던지매, 성 밖에서 그 틀이 밟히니…" 그러니까 악인들은 포도송이처럼 하나님의 진노의 형틀에 던져져 벌을 당할 것이라는 얘기입니다.

그런데 소설 속에서 단 한 번 이 표현이 등장하는 맥락은 이래요. 조드 일가가 그야말로 천신만고 끝에 꿈에 그리던 캘리포니아에 도착하지만 그들을 기다리는 것은 대농장주들의 횡포와 차별입니다. 풍년이 든 오렌지와 포도들은 농약이 뿌려진 채 산더미처럼 버려지고, 굶주린 아이들은 병들어 죽어갑니다. 이를 속수무책으로 보고만 있어야 하는 이주민들의 가슴에 분노가 켜켜이 쌓여가요. 분노의 포도알들이 성큼성큼 커져요. 어느 날 이들의 분노가 폭발할 것임을 우리는 예감하게 됩니다.

자, 1930년대를 대표하는 스타인벡의 이 소설은 여러분이 읽어온 소설들과 다를 거예요. 인물들의 복잡한 심리 묘사, 스토리의 기승전결, 갈등과 변화와 화해 등에 초점을 두지 않으니까요. 그보다는 사회 제도와 인간의 관계, 잘못된 시스템이 인간의 삶을 파괴하는 과정, 그리고 사람들이 함께 역경을 극복해나가는 모습을 강조하고 있으니까요. 한마디로 이 소설은 집단에 대한, 연대의 중요성에 대한 기록이기도 합니다.

자, 이 소설을 통해 대공황 시대의 사회·문화적인 분위기가 어느 정도 분명해졌기를 바랍니다.

The Grapes of Wrath

제1강

소설이 시작되자마자 우리는 자연재해에 대한 강렬한 경고와 만나요. 보세요. 검붉은 먼지로 뒤덮인 오클라호마의 농촌 풍경이 눈앞에 자세하게 묘사됩니다. 태양이 무섭게 내리쬐고, 잡초들은 검은 녹색으로 변하고, 땅이 갈라지고, 천지가 검붉고 두터운 먼지 속에 침몰하는 듯합니다. 걸음을 옮길 때마다 신발에, 땅에, 공중에, 먼 산에, 눈앞의 농가에, 마른 먼지가 아득하게 피어오릅니다. 비가 잠깐 내린 듯하지만 곧 검은 구름과 흙먼지에 덮여버립니다. 먼지, 먼지, 먼지라는 단어가 반복되면서 이 소설이 앞으로 어떤 분위기에서 전개될 것인지를 강력하게 암시하고 있습니다.

좀더 보지요. 유월의 들판, 흙먼지가 천지를 뒤덮고 곡식들은 바람 속에서 몸부림칩니다. 새벽이 오고 회색 하늘에 시뻘건 해가 나타나지만, 새로운 하루가 시작된다고 말할 수조차 없습니다. 이런 상황에서 농가들은 어떨까요? 곡식에도 울타리에도 지붕에도 풀들과 나무에도 먼지가 덮여 있어요. 문과 창문은 꼭꼭 닫혀 있고, 헝겊으로 막아놓았지만, 문틈으로 들어온 먼지들이 가난한 집안의 의자들, 탁자들, 접시들에 내려앉습니다.

밤에는 어떨까요? 바람은 더욱 사나워져서 곡식들의 뿌리를 거꾸로 뽑아버립니다. 별은 빛나지 못합니다. 두터운 먼지를 뚫고 별빛이 땅으로 내려올 수 없기 때문이지요. 사람들은 누운 채 바람 소리를 들어요. 바람이 사라진 뒤의 깊은 정적에 귀를 기울여요. 새벽에 닭들이 울면 농부들은 다시 짙은 안개 같은 먼지와 새로 흘린 피처럼 붉은 태양과 마주해요.

이런 자연의 재앙 앞에서 농부들의 반응을 보세요. 남자들, 여자들, 아이들의 반응을 보세요. 밖으로 나온 아이들은 뛰어다니지도, 소리를 지르지도 않아요. 남자들은 울타리 옆에서 먼지와 바람에 말라가고 있는 곡식들을 바라보고 있어요. 아낙들은 남편들 옆에 서 있어요. 수많은 고난 속을 버텨온 남자들이 이번에는 주저앉을 것인지 소리 없이 관찰해요.

잠시 후 남자들의 얼굴이 당혹감을 지나 반항적이고 단단한 얼굴로 변해요. 아낙네들은 안심해요. 그들은 알아요. 가장들이 버티는 한 살아갈 수 있어요. 농토가 없어져도, 곡식들이 죽어도, 살아갈 수 있어요.

남자들이 분노하여 싸울 태세가 되어 있는 한 여자들과 아이들은 안전할 것입니다. 아버지가 건재한 가족들은 어떤 불운도 견뎌낼 수 있을 거예요. 여자들은 집안일을 하러 안으로 들어가고 아이들은 놀기 시작해요. 잘 보세요. 위기를 앞에 둔 아버지, 어머니, 아이들의 반응. 이는 가부장적 가족 질서에 대한 일상적이고 명료한 분석입니다.

농본 문화와 가부장 질서. 오랫동안 한곳에서 농사를 짓던 사람들의 삶의 패턴입니다. 그런데 이런 질서는 더 이상 유지되지 못해요. 지금부터 우리가 만나는 것은 이 농본 질서가 무너지는 세상입니다. 땅을 빼앗기고, 농가가 트랙터에 허물어지면서 그때까지 형성된 삶의 질서와 가치가 뒤집힌 세상, 낡은 트럭에 살림살이를 싣고 고속도로 위를 달려가는 피난 농민들의 험난한 삶입니다. 이들을 따라가며 우리는 어떤 것이 무너지고 어떤 것이 지속되는지, 변화의 회오리바람 속에서 이들을 붙들어주는 것이 무엇인지 확인할 것입니다.

곧 장면이 바뀌는군요. 미국 전역을 관통하는 고속도로변의 간이휴게소. 이곳에서 소설의 중심인물 톰 조드와 처음 만납니다. 보세요. 황량한 고속도로 66, 그 주변의 허름한 레스토랑 앞에 커다란 붉은 트럭이 서 있어요. 번쩍거리는 트럭 양쪽 옆으로 '오클라호마 시 운수회사'라는 붉은 글자가 붙어 있어요. 인적 없는 간이휴게소 안과 밖이 번갈아 묘사되면서 지루하고 암울한 오후가 강조됩니다.

휴게소 안에는 라디오에서 댄스 음악이 낮게 흐르고 있어요. 트럭 기사는 카운터에 앉아 커피 잔을 앞에 놓고 비쩍 마른 웨이트리스와 잡담을 해요. 분위기가 떠오르지요? 그때 휴게소 밖에서는 고속도로 옆길을 걸어온 한 남자가 길을 건너요. 천천히 트럭 앞으로 가서 번들거리는 펜더에 손을 대고는 '히치하이커 불허'라고 쓰여 있는 스티커를 봐요. 계속 걸어갈 듯하더니 레스토랑에서 멀찍이 떨어진 길가에 앉아요.

우리 알잖아요? 인물이 나타나면 주인공인지 감이 오죠? 이 남자에 대한 묘사가 이어지는 것을 보고 그가 중요한 인물임을 짐작하게 돼요. 그의 나이와 눈동자, 광대뼈, 두 손의 모양을 보세요. 두 눈은 진한 갈색이고 광대뼈가 나오고 양쪽 뺨에 줄이 패여 있고, 두 손은 단단하고 손가락은 넙적하고… 얼른 보아도 무난한 인상은 아니군요. 이런 시간에 이런 곳에서 화물트럭을 기웃거리는 그에 대한 묘사가 이어져요.

그의 차림새는 너무 새것이고 너무 싸구려로 보여요. 그의 모자, 셔츠, 바지, 구두 등을 말하면서 싼 것, 새것이라는 단어가 반복되고 있어요. 옷은 그의 큰 체격에 잘 맞지 않아요. 재킷 소매는 너무 짧고 앞은 잘 채워지지 않아요. 바지는 너무 짧아요. 새 구두는 뒤꿈치가 닳는 것을 막기 위해 큰 징이 박혀 있어요. 길가에 앉아 이 남자는 모자를 벗어 얼굴을 닦고 다시 쓰며 모자 챙을 잡아당겨요. 그리고 구두끈을 느슨하게 풀어요. 그의 머리 위로 디젤엔진의 배기가스가 뿜어져 나와요.

자, 이 남자에 대해 짚이는 것이 있나요? 무엇을 하는 사람인지 짐작할 수 있나요? 이 사람은 왜 이렇게 머리부터 발끝까지 새것을, 그것도 아주 싸구려로 입었나요? 이런 생각을 하게 되는 것이 중요합니다. 앞으로 스토리가 진전되면서 이 의문이 어떤 식으로 풀리게 되는지를 알 수 있으니까요.

트럭 기사는 웨이트리스와 나른한 잡담을 나눈 뒤 밖으로 나와요. 히치하이커를 태우지 말라는 회사 방침에도 불구하고 기사는 망설이는 듯하다가 이 남자를 태워요. 이 남자의 이름은 톰 조드군요.

쏟아지는 햇볕 아래 가뭄으로 타들어가는 들판을 가로지르며 트럭은 고속도로를 질주해요. 타이어가 펑크 날 것 같아요. 두 남자가 두런두런 말을 이어가요. 우리는 트럭 기사들의 외롭고 단조로운 삶에 대해 알게 돼요. 차 안에서는 라디오도 음주도 금지돼요. 그들은 긴긴 시간 무료함과 졸음을 쫓기 위해 간이휴게소에 들르고 노래를 부르거나 휘파람을 불어요. 어떤 이들은 시를 짓기도 해요.

그러니까 생각나네요. 몇 년 전 서울의 한 일간지 신춘문예에 시가 당선된 사람. 그도 밤새도록 혼자 화물을 싣고 고속도로를 달려요. 극도의 무료함과 적막 속에서 그는 오랫동안 시를 써왔어요. 몇 번을 투고했지만 다 떨어졌어요. 그래서 그는 당선 소식을 전화로 받고 누가 장난치는 줄 알았어요. 나중에 확인하고 혼자 엄청 울었어요. 궁금해집니다. 지금도 그가 화물 트럭을 몰고 달리는지. 지금도 시를 생각하고 시를 쓰는지.

우리는 톰에 관해 알게 돼요. 싸구려 새 옷을 입은 이 남자가 궁금했지요? 뭐하는 사람이야? 어디서 오는 거야? 그는 운전기사의 호기심을 알아차리고 먼저 말해요. 그는 감옥에서 나오는 길입니다. 싸구려 새 옷들은 감옥에서 나올 때 받은 것입니다. 그는 술 취해 싸우다가 사람을 죽이고 7년형을 선고받고 모범수로 4년 복역했어요. 지금은 가석방되어 부모님이 계시는 고향집으로 가는 길입니다. 그의 부모님은 소작농이군요. 그런데 사방에서 트랙터들이 농토를 밀어붙이고 있는 것이 눈에 들어와요. 그의 부모님은 안전할까요? 우리는 불안해져요.

톰 조드는 어느 지점에서 트럭에서 내려 집을 향해 걸어가기 시작해요. 그러다가 고속도로 갓길을 힘들게 느릿느릿 기어가는 거북이를 봐요. 이 부분을 주목하세요. 거북이는 앞다리 뒷다리를 움직이며, 돌부리에 뒤집어지기도 하고 나뭇가지에 길이 막히기도 하면서도 멈추지 않고 서둘지도 않아요. 그냥 아주 힘들게 힘들게 계속 앞으로 움직이는 거북이의 동작이 하나하나 묘사돼요.

톰은 거북이를 집어 자기 옷 속에 넣어요. 집에 가서 조카들에게 장난감으로 주려고 해요. 거북이는 옷 속에서 기어 나와 가던 길을 다시 가고, 그는 다시 거북이를 집어 옷 속에 넣어요. 그러더니 어느 지점에서 거북이를 놓아줘요. 거북이는 원래의 속도로 가던 방향을 향해 다시 움직이기 시작해요. 거북이가 등장하는 이 장면을 슬로모션 카메라가 따라가는 것처럼 보여줍니다.

독자는 의아해져요. 이제 막 주인공이 트럭에서 내려 4년 동안 소식을 전하지 못했던 집으로 돌아가는데 웬 거북이? 그것도 굉음을 내며 트럭들이 질주하는 고속도로 위에서? 우리는 읽어가며 이해하게 됩니다. 서론에서 말했지요? 작가는 이런 방식으로 스토리를 전개해나가다가 중간중간에 별개의 장을 만들어요. 소설의 배경들, 중요한 논점들을 에세이 형식으로 말해요. 우리는 나중에 알게 돼요. 거북이는 고난을 겪어가며 캘리포니아로 향해 가는 조드 일가를 암시해요. 그들의 강인함과 끈기, 고난 속에서도 포기하지 않는 의지 등을 거북이를 통해 말해주는 것이지요.

곧이어 또 한 명의 인물이 등장해요. 톰은 걸어가다가 나무 그늘에 혼자 앉아 있는 짐 케이시를 우연히 만나요. 두 사람은 옛날 일을 서로 이야기해요. 케이시는 그들이 살았던 동네의 인기 있는 목사였어요. 그가 부흥회에서 설교를 할 때마다 군중이 모여들고 흥분하고 까무러쳤어요. 톰도 어릴 적에 그에게 세례를 받았어요.

이날 케이시는 자기는 더 이상 목사가 아니라고 톰에게 말해요. 주목합시다. 스타인벡은 케이시를 통해 기존 기독교에 대해 비판적인 입장을 나타내고 있어요. 먼저 케이시는 사람들이 하나님이나 예수에게 매달리는 이유를 모르겠다고 해요. 목사들이 들으면 뭐라고 할까요? 뿐만 아닙니다. 그는 한 발 더 나가서, 무엇이 죄고 미덕인지, 무엇이 선이고 악인지 헷갈린다고 해요.

그는 계속해요. 그는 목사였을 때 설교를 한 뒤 흥분 상태에서 젊은 여자와 풀밭으로 달려가 뒹굴고, 화가 났을 때 욕설을 퍼부어대던 자신이 부끄럽고 받아들일 수 없었어요. 그는 오랜 고민 끝에 결론을 내렸어요. 자기가 그런 행동을 한 것은 죄인이어서가 아니에요. 인간이 원래 그런 것이에요. 그는 더 이상 죄와 순결, 선과 악, 이렇게 둘로 가르지 않아요.

그는 더 이상 설교를 할 수 없다고 해요. 사람들이 그의 설교를 들으면 그를 몰아낼 것이고 목사들은 악마에 씌었다고, 이단이라고 쫓아낼 것이에요. 그가 더 이상 목사의 길을 가지 않는 이유입니다. 어떠세요? 흥미롭지요?

그렇다면 그는 인간과 삶에 대한 어떤 비전을 갖게 된 것일까요? 그는 말해요. 우주에는 하나의 큰 영혼이 있고, 우리들 한 사람 한 사람은 그 큰 영혼의 한 부분을 이룬다고. 이 말에 주목합시다. 이런 시 구절 들어봤지요? 존 던(John Donne)의 시 중에서 "아무도 외딴 섬은 아니다. 모든 생명은 존재의 큰 그물망에 연결되어 있다." 앞에서 오버소울에 대해서도 언급했지요? 이는 이 소설에서 스타인벡이 케이시를 통해 강조하는 사상이기도 해요. 좀더 보세요.

케이시의 이야기를 들은 뒤 톰은 자신에 대해 말합니다. 자기가 감옥에서 지낸 것이 나쁘지만은 않았다고 해요. 식사도 제때 하고 전깃불도 들어오고 샤워도 할 수 있고, 무엇보다 뭘 해야 할지 생각하지 않아도 되기 때문입니다. 그래서 가석방으로 풀려났던 사람들 중에는 은행을 털고 금방 다시 감옥으로 들어오는 이들도 있다고 해요. 막상 밖에 나가면 당장 뭘 해야 할지 막막하니까요.

그렇군요. 재소자들이 감옥으로 다시 들어오는 이유가 있군요. 그러니까 감옥에서는 자유를 박탈당하는 대신 스스로 생각할 필요와 부담이 없어져요. 감옥이라는 거대한 조직의 작은 부속품으로 움직이기만 하면 됩니다. 이는 현대 조직사회의 한 단면에 대해 생각하게 합니다. 사회학자 화이트(W. H. Whyte)의 『조직 인간Organization Man』, 심리학자 에리히 프롬(E. Fromm)의 『자유로부터의 도피Escape from Freedom』 등은 이런 근대 사회의 현상을 예리하게 진단했지요.

보세요. 케이시와 톰은 이 소설의 핵심 인물이에요. 케이시는 앞으로 톰의 가족들과 함께 피난길에 올라요. 그리고 톰에게 깊은 영향을 줍니다. 톰은 그를 통해 인간의 연대감에 대한 새로운 인식에 도달하게 될 것입니다. 계속하지요. 두 사람은 오랜 가뭄으로 타들어가는 옥수수밭과 목화밭을 지나 톰의 집에 도착해요. 그러나 그들의 눈앞에는 파헤쳐진 논과 밭, 트랙터가 밀어버린 부서진 빈 오두막이 나타나요.

첫 번째 막간입니다. 여기서 우리는 소설을 관통하는 자본주의 시스템의 횡포에 대한 전반적인 사정을 알게 됩니다. 먼저 톰의 고향이, 조드 일가가 살아온 땅과 집이 강제로 철거된 원인과 과정이 말해져요. 조상 대대로 목화 재배를 하며 이곳에서 살아온 가족들이 실향민이 되어 피난길에 내몰리게 된 그동안의 사정들이 밝혀지는 것이지요.

보세요. 동부에 사는 땅주인들은 소작인들에게 대리인을 보냈어요. 자동차에서 내리지도 않는 대리인들과 소작인들. 양쪽의 이야기를 통해 우리는 알게 돼요. 계속되는 가뭄으로, 그리고 목화를 계속 심어 땅은 죽어가요. 땅에서 이익을 낼 수 없는 땅주인들은 농부들에게 이곳을 떠나라고 해요.

개발 광풍이 불기 시작합니다. 소작인들을 쫓아내는 자들은 누구인가요? 괴물이라고 불리는 은행 또는 그들을 지배하는 시스템인가요? 그렇다면 그 시스템은 누구인가요? 농부들은 총으로 쏘아 죽이고 싶지만 그 괴물이 누구인지 알 수 없어요.

실체를 알 수 없는 괴물, 그 괴물이 인간의 삶을 지배하고 착취하고 파괴하기 시작한 것이지요. 그들은 피도 눈물도 인간에 대한 배려도 없는가. 그러나 그런 말들은 허황하게 들려요. 한 가지는 명백해요. 괴물들은 이윤만을 먹고 살아요. 그것이 괴물의 절대절명의 생존 조건입니다.

■ ■ ■ "은행이나 회사는 공기를 마시지도 고기를 먹지도 않아요. 그들은 이윤이 생겨야 숨을 쉬고, 이자를 먹고 살아요. 당신이 공기가 없으면 죽듯이 그들은 이윤을 못 취하면 죽습니다. (32)

■ ■ ■ "은행은 인간과는 달라요. 은행에서 일하는 사람들도 은행이 하는 일을 증오하지만, 은행은 자기 일을 계속해요. 은행은 인간들 이상의 어떤 것이에요. 괴물이지요. 인간이 은행을 만들었지만 인간은 은행을 통제하지 못해요." (33)*

계속하지요. 검은 세단을 타고 온 은행 대리인들, 그들은 임무를 수행하기 위해 잔인해져야 해요. 그들은 자신들이 감당할

---

* 이 책의 인용문은 저자가 번역한 것이다. 사용한 텍스트는 *The Grapes of Wrath*(Penguin Books, 2006)이다.

수 없는 강력하고 거대한 힘에 휘말려 있다는 것을 알아요. 대리인은 말해요. "소작인 제도는 유지될 수 없소. 이 땅은 동부의 부자들에게 팔릴 것이오."

그러나 농부들은 이해할 수 없어요. 그들에게 땅을 소유한다는 것은 서류가 아니라 그 땅에서 살아낸 삶의 내용과 상관있어요. 괴물의 대리인들은 소작인들을 향해 외칩니다. "떠나지 않으면 당신들은 주거침입자가 될 것이오. 오렌지와 햇빛의 땅, 일자리도 많은 캘리포니아, 그곳이 당신들을 기다리고 있소."

미국 소설 속에서 자주 만나는 이상향 캘리포니아가 여기서도 강조됩니다. 미국 문명의 중심 동부가 포화 상태가 되면서 "젊은이여 서부로 가라"라는 구호 아래 서부로의 행렬에 불이 붙어요. 미국을 관통하는 66번 고속도로가 생기고 열차가 생기고 유전 개발이 되면서 서부는 일확천금과 새로운 기회를 약속하는 듯해요. 하여간에 대공황 시대에 캘리포니아는 이주 농민들에게 명실공히 신천지로 떠올라요. 서부로 오라는 전단지가 도처에 뿌려집니다.

자, 대리인들이 떠난 뒤 무슨 일이 일어나는지 보세요. 트랙터가 나타나 이들의 농토를 갈아엎어요. 트랙터 기사와 소작인의 대화가 이어집니다. 은행 대리인들이 거대한 조직의 입장을 대변하고 있다면 트랙터 기사는 당장 먹고 살기 위해 이 일을 할 수밖에 없는 또 다른 소작인의 처지를 보여주는군요.

트랙터 기사를 로봇으로 묘사하는 것을 보세요. 보안경을 끼고 방진마스크로 얼굴을 가리고 운전석에 앉아 농토를 뒤엎고 있는 로봇은 무엇보다 흙의 따뜻함도 땅 냄새도 맡을 수 없어요. 그가 자기 입장을 변명해요. "나는 이 일을 해서 매일 3달러를 받아 우리 아이들을 먹여야 해요. 세상이 변하고 있다구요." 늙은 소작인이 대답해요. "3달러 벌어 네 새끼 먹이는 통에 다른 소작인들 가족 열두 명이 쫓겨나는 것은 생각 안 하는가."

작가는 이렇게 거대 시스템이 가난한 소작인들의 삶의 터전을 짓밟는 현실을 보여줍니다. 늙은 소작인의 한탄이 이어져요. "이상도 하지. 재산이 적을 때는 사람이 자기 재산의 주인이지. 재산이 많아지면, 그는 재산의 노예가 되지." 들어보셨지요? 소유냐 존재냐. 에리히 프롬인가요? 소유와 존재는 공존할 수 없다는 것이지요.

다시 줄거리가 이어집니다. 톰의 집에 도착한 두 사람은 철거된 집 앞에서 망연자실해 있어요. 트랙터가 가차 없이 밀어버린 농토와 허물어지고 찢겨나간 집에 대한 묘사가 길게 이어져요. 우리는 앞에서 은행 대리인들과 소작농의 대면, 그리고 로봇으로 묘사된 트랙터 기사의 말을 통해 이곳에 무슨 일이 일어났는지 알았어요. 이는 곧이어 나타난 이웃 소작인 멀리 그레이브스라는 사람의 입을 통해 확인됩니다.

그는 톰의 가족이 집이 헐린 뒤 이곳에서 멀리 떨어지지 않는 톰의 큰아버지 집으로 갔다고 알려줍니다. 그의 집도 트랙터에 밀렸고 다른 사람들은 허둥지둥 떠났지만 혼자 남았어요. 그는 부서진 집 근처를 배회하고 밤이면 야산에 숨어 다니면서 개구리와 다람쥐로 연명해요. 그는 조상들이 대대로 살아온, 자신도 평생을 살아온 이곳을 떠날 수가 없어요. 그리고 트랙터를 몰았던 소작인의 아들은 이제는 보안관이 되어 밤마다 순찰차를 몰고 주변을 감시합니다.

여기서 작가는 갑자기 우리를 중고차 시장으로 안내해요. 왜 그는 조드 일가가 피난길에 나서기 전에 중고차 시장을 먼저 보여주는 것일까요? 그렇지요. 이들이 타고 갈 트럭의 중요성을 강조하기 위해서지요. 조드 일가를 태우고 달리는 낡은 트럭은 이동 수단만이 아니에요. 집이고 침실이고 거실이에요. 이 안에서 가족들은 잠을 자고 미래에 대한 근심과 희망과 계획을 말해요. 때로는 상담소가 되기도 해요. 한마디로 이곳은 가족들의 고통과 기쁨이 공존하는 이동하는 삶의 현장입니다.

자, 중고차 시장으로 가보지요. 마을 외곽지대의 거대한 공터, 온갖 종류의 중고차들이 빽빽하게 들어차 있어요. 한쪽에는 폐차장도 있어요. 숨차게 나열되는 각양각색의 크고 작은 자동차들. 캐딜락, 라살, 플리머스, 패커드, 폰티액… 이 중고차들 중에는 성능 좋은 것도 있고 싸구려도 있어요. 27년식 포드, 26년식 뷰익, 22년산 닷지. 중개인들이 숨가쁘게 말해요.

"이 차, 허름해 보이지만 몇천 마일이라도 달려요. 라디오 무료 설치, 휘발유 100갤런 무료. 일단 들어오세요."

차를 사러 온 사람들은 불안하고 미심쩍은 얼굴로 갈피를 못 잡아요. 세일즈맨들은 잠재적인 고객을 알아보고 그에게 집중해요. 고객이 시간을 오래 쓸수록 더 많은 값을 지불해요. 시간은 돈이니까. 시장경제의 법칙이니까.

우리는 눈앞에 펼쳐지는 중고차의 망망대해 앞에서 할 말을 잃어요. 혼돈스러워져요. 브레이크 없는 대량생산과 대량소비, 쏟아지는 새 차, 쌓여가는 폐차들, 중고차 시장은 거대한 쓰레기장으로 변해가는 소비주의 사회의 단면을 보여주는 듯합니다.

그래요. 자동차 왕국 미국은 어떻게 시작된 것일까요? 자동차의 왕 헨리 포드, 그가 도입한 컨베이어 벨트는 대량 생산과 대량 소비를 촉진시켜 미국의 중산층 시대를 앞당겨요. 그리고 미대륙을 가로지르는 자동차들의 질주는 서부 개척의 열풍과 맞물려 새로운 시대를 엽니다.

중고차 시장에 소작인들이 몰려오고 있어요. 그들은 중고차를 구하기 위해 노새를 팔고 농기구를 팔고 조상 대대로 써오던 가구들을 팔아요. 캘리포니아로 가서 새로운 일자리를 구할 때까지 먹고 살 비용을 마련해요. 이렇게 조드 가족도 중고차를 구입하고 피난 준비를 할 것입니다.

The Grapes of Wrath

제2강

이번 강의에서는 톰과 케이시가 가족들을 만나요. 그리고 가족들이 가재도구들을 팔고 버리며 피난 준비하는 과정이 자세하게 묘사돼요. 보세요.

톰과 케이시는 가족들이 머무는 큰아버지 집을 향해 나섭니다. 두 사람이 걸어가는 이른 새벽길. 하늘에는 별들이 보이고 흐릿하고 가느다란 초생달이 떠 있어요. 잠이 덜 깬 듯한 새들이 깃을 펄럭이는 소리, 토끼들이 움직이는 소리가 들리고, 말없이 걸어가는 두 사람의 발자국 뒤로 자욱하게 먼지가 피어올라요. 이곳이 극심한 가뭄과 모래바람의 땅이라는 것을 계속 상기시켜요.

톰과 케이시 두 사람은 앞으로 험난한 일들과 부딪쳐가야 할 것입니다. 가석방으로 풀려난 톰은 근신해야 합니다. 케이시는 철거된 농가를 본 뒤 깊은 고민에 빠집니다. 그는 더 이상 목사가 아니지만 자기도 피난민들과 동행하면서 그들의 이야기를 들어주어야 한다고 생각하게 돼요. 지금 이곳의 삶을 빼앗긴 사람들에게 천국에 대한 약속이 무슨 소용인가. 이 사람들은 죽기 전에 이 땅에서의 삶을 살아야 한다. 그들과 동행하겠다. 그는 다짐해요.

두 사람은 큰아버지 집에 도착해요. 집 앞에 큰 트럭이 서 있고 살림살이들이 그 위에 쌓여 있어요. 톰은 간발의 차이로 가족과 재회하게 됩니다. 작가는 상당한 시간과 노력을 들여서 대가족 조드 일가를 소개하고 있어요. 이 가족이 화목하고 결속력이 단단하다는 것을 보여주는 것이지요.

보세요. 평생 농사일을 한 아버지. 아들을 알아본 그는 입에 물고 있던 못을 떨어뜨리며 주저앉아요. "너 혹시 도망친 거 아니지?" 말을 더듬다가 아들의 설명을 듣고서야 안심해요. "톰, 너에게 편지를 쓰려고 했는데, 돌아왔구나. 함께 갈 수 있구나." 톰을 반기는 아버지의 말은 다른 가족들의 기쁨 섞인 인사에서 확인됩니다.

어머니는 톰이 도착했을 때 부엌에서 아침을 준비하고 있었어요. 버드나무 가지 타는 냄새, 돼지고기 굽는 냄새, 비스킷 굽는 냄새, 진한 커피 냄새가 사방에 퍼지는군요. 아버지가 장난스럽게 말해요. "우리 조용히 그냥 안으로 들어가보자. 난 너희 엄마가 너를 알아보는 순간의 얼굴을 꼭 봐야 해." 아버지는 마당에 서서 집 안을 향해 외칩니다. "손님이 두 분 오셨는데. 괜찮아?" 어머니의 대답이 들립니다. "좋아요. 오늘 아침을 넉넉하게 준비했어요. 들어오시라고 해요."

보세요. 어머니는 밖에 있는 손님들이 누구인지도 모르면서 이렇게 환영하고 있어요. 어머니가 어떤 사람인지 알 것 같군요. 4년 만에 맛있는 음식 냄새를 맡으면서 어머니의 목소리를 듣는 톰의 기분을 상상해봅니다. 어머니가 처음 나타나는 모습을 보세요. 앞으로 험한 피난길을 가면서 어머니는 명실공히 이 가족의 구심점이 될 것입니다.

■ ■ ■ 그녀는 햇빛 쪽을 바라보았다. 그녀의 통통한 얼굴은 (…) 상냥하면서도 감정이 절제된 얼굴이었다. 그녀의 담갈색 두 눈은 온갖 고생을 하고 계단을 오르듯 고통과 괴로움의 단계들을 찬찬히 밟고 올라 차분하고 초월적인 이해에 도달한 것처럼 보였다. 그녀는 빼앗길 수 없는 강력한 위치, 가족을 지키는 성채로서의 자신의 위치를 기꺼이 받아들이는 듯했다. 그리고 (…) 희로애락을 알 수 없는 표정, 그것은 믿을 수 있는 표정이었다. 치유자로서 그녀의 두 손은 확신에 차 있고 서늘하고 조용했다. 집안의 중재자로서 그녀의 판단은 객관적이고 잘못이 없었다. 그녀는 자신이 흔들리면 가족이 흔들리고 자신이

절망하면 가족이 무너질 것임을 (…) 알고 있는 듯했다. (74)

보세요. 가족 안에서의 그녀의 위치는 성채, 치유자와 중재자로 표현되고 있어요. 어떤 상황에서도 평정을 유지하고 공정한 판단을 하고, 겸허함을 잃지 않는 모습으로 묘사되고 있어요. 무엇보다 그녀는 침착하고 현실적이에요. 가령, 그녀는 그들이 앞으로 가야 할 캘리포니아에 대해서도 전단지에 적힌 문구들을 그대로 믿지 않아요.

■ ■ ■ "너무 좋아 보이네. 사람들이 나누어주는 전단지를 봤는데 일자리도 많고 임금도 높은 거 같더라구. 신문에서도 봤어. 그곳에서 포도와 오렌지와 복숭아를 딸 사람들을 얼마나 원하는지. 일할 때 복숭아 한 개도 못 먹게 하더라도 이따금 못생긴 작은 것들을 빼돌릴 수도 있잖아. 나무 아래 그늘에서 일하는 것은 좋을 거야. 그런데 난 그렇게 사정이 좋다는 게 겁이 나. 믿음이 가지 않아. 뭔가 좋지 않은 일이 있을까 봐 겁이 나." (90–91)

이렇게 어머니는 사태를 즉흥적으로 받아들이지 않아요. 그래서 톰을 맞이하는 어머니의 반응이 이해됩니다. 어머니는 그를 알아보는 순간 놀라움과 반가움을 나타내지 않아요. 단지 손에 쥐고 있던 포크가 바닥에 떨어져요. 두 눈이 크게 열리고 동공이 확대돼요. 그녀는 힘겹게 숨을 내쉬더니 눈을 감고 말해요. "세상에! 오, 하나님." 그러더니 톰이 가석방으로 풀려난 것을 알고 난 뒤에야 눈먼 사람처럼 손가락으로 그의 뺨을 더듬어요. "어머니의 기쁨은 거의 슬픔과도 같았다."라는 표현을 보세요. 작가는 4년 만에 아들을 만난 어머니의 기쁨을 이렇게 강조합니다.

작가는 한 사람 한 사람을 소개해요. 할아버지, 할머니, 아버지와 어머니, 큰아버지, 맏아들 노아, 둘째 톰, 막내아들 앨, 조드 일가의 가장 어린 딸과 아들, 그리고 임신 중인 맏딸 로저샨과 그의 남편 코니. 그래요, 대가족입니다.

그런데 이 대가족이 중요한 결정을 할 때 각자의 의견을 말하고 의논하는 모습이 인상적입니다. 가령 케이시가 이들 가족과 함께 피난길에 동행할 것인가를 결정할 때 이들은 다 같이 의견을 말해요. 망설이는 이들도 있어요. 여건이 녹록지 않으니까요. 그러나 가족들은 예전에 이 지역에서 목사였던 케이시에 대한 좋은 기억을 가지고 있어요. 그들은 의견을 조율한 뒤 그의 동행을 환영해요.

조드 일가는 대대로 살아온 땅에서 쫓기듯 떠날 것입니다. 앞으로 뿌리 뽑힌 이들의 삶은 더 이상 땅에 기반을 둔 지속성과 안전성을 갖지 못해요. 여기서 묻게 됩니다. 조드 일가가 길 위로 내몰리는 것은 무엇을 뜻하는가? 그것은 조상 대대로 농사지으며 형성된 기억과 정체성이 파괴되는 것을 뜻합니다. 그들의 삶을 지탱해준 질서와 가치가 삭제되고 거부되는 것입니다. 이는 트랙터의 등장이 가져오는 변화로 요약되고 있어요. 트랙터로 땅을 가는 것과 농부가 쟁기로 땅을 가는 것의 차이로 나타납니다. 보세요.

■ ■ ■ 말이 일을 마치고 헛간으로 들어가면 거기에는 생명이, 활력이, 호흡과 따스함이 남아 있었다. (…) 헛간에는 생명의 온기와 열기와 냄새가 있었다. 그러나 트랙터의 모터가 정지하면 그것은 쇳덩어리처럼 죽어버린다. 살아 있는 열기가 시체를 떠나듯 열기가 떠난다. 트랙터를 넣어두는 철문이 닫히고 트랙터 운전자가 (…) 마을에 있는 집으로 차를 몰고 돌아가면 그는 일주일 또는 몇 달 동안 돌아오지 않아도 된다. 트랙터가 죽었으니까. 이것은 쉽고도 효율적이다. 너무 쉬워서 일에서 경이로움이 사라지고 경이로움과 함께 깊은 이해도 사라진다. 그리고 트랙터 운전자의 마음속에는 이해심도 없고 어떤 관계도 맺지 않는 이방인에게만 가능한 경멸이 자란다. (…) 기계를 모는 인간, 땅을 알지도 사랑하지도 않는 그는 (…) 땅과 자신을 경멸한다. (116)

여기서 분명해집니다. 농부들이 노새나 말을 이용하여 농사를 지으며 땅과 살아 있는 관계를 맺는 동안은 자기 삶의 주인입니다. 그래서 땅으로부터 절연될 때 그들은 뿌리 뽑힌 주변인으로 밀려나는 것이지요.

그러나 주목합시다. 작가는 이들이 임금노동자로, 주변인으로 밀려난다 해도 인간으로서 존엄성을 지키는 것을 강조해요. 과거의 기억들과 가족 간의 배려, 다른 사람과의 연대를 통해 이를 보여줍니다.

다시 말하지요. 이 소설은 한편으로는 자본주의의 모순에 대한 진단이자 고발이면서 한편으로는 뿌리 뽑힌 사람들이 끈질기고 의연하게 자신들의 존엄성을 지켜나가는 모습에 대한 증언이기도 해요.

이제 그들의 삶이 뿌리 뽑히는 과정을 보세요. 그들의 삶과 조상의 기억들이 배어 있는 가재도구들과 농기구들을 버리고 불태우고 장에 내다 파는 것을 보세요. 이들이 파는 물건들은 일회용으로 사용되었다가 폐기 처분되는 것들이 아닙니다. 그들의 과거이자 현재이며 그들이 누구인지를 말해주는 징표들입니다. 어머니는 그래서 상자 속의 편지, 귀걸이, 카드들을 계속 들여다보고 쓰다듬는 것이지요.

이들은 또한 건강하고 잘생긴 두 마리 말과 수레마차를 단돈 몇 푼에 팔아야 합니다. 팔 수 없던 것들, 가족 앨범, 아껴둔 찻잔들은 불길 속으로 사라집니다. 길 위에서 생존을 위해 꼭 필요한 옷, 담요, 매트리스, 비를 대비하고 햇빛을 가려줄 천막,

최소한의 부엌용품만 챙깁니다. 키우던 작은 돼지들을 고통 없이 죽인 뒤 소금에 절여 비상 양식을 준비합니다. 할아버지에게 필요한 신경안정제 시럽을 챙깁니다.

작가는 왜 이 장면들을 이렇게 자세하게 보여주는가요? 그렇지요. 이런 방식으로 그들의 삶이 폭압적으로 과거와 단절되는 것을, 그때까지의 그들의 정체성이 말살되는 것을 강조하는 것이지요.

■ ■ ■ 이제껏 살아온 삶을 박탈당하고 우리는 어떻게 살 수 있는가. 과거가 없는 그것이 우리인지 어떻게 아는가. (…)

문밖의 땅이 어떤지 모른다는 것은 어떤 기분일 것인가. 밤중에 잠에서 깨어 버드나무가 거기 있지 않다는 것을 알면 어떨 것인가. 미루나무 없이 살아갈 수 있는가? 아니 살 수 없어. 버드나무가 바로 너야. 저기 있는 매트리스 위의 고통, 그 무서운 고통, 그게 너야. (88–89)

■ ■ ■ "우리 다시 시작할 수 있을 거야. 풍요로운 새 땅에서, 과일들이 자라는 캘리포니아에서.

그런데 오직 아이들만이 시작할 수 있어. 너와 나, 그래, 우린 이미 겪을 만큼 겪었어. (…) 그리고 이 땅, 이 붉은 땅이 우리야. 홍수와 황사와 가뭄의 시간들, 그게 우리야. 우리는 다시 시작할 수 없어. 넝

> 마장사에게 우리는 비통함을 팔았지. (…)
> 땅주인이 우리를 쫓아낼 때, 그게 우리야. 트랙터가 집을 부술 때, 그게 우리야, 죽을 때까지. 캘리포니아건 어디건 간에 우리는 비통한 마음으로 걸어가는 상처 입은 사람들의 행렬 맨 앞에 서 있을 거야. 언젠가 비통한 군중이 모두 함께 같은 길을 걸어갈 거야." (87–88)

"아이들만이 다시 시작할 수 있어. 지금까지 살아온 사람들은 새로 시작할 수 없어." 이 말은 할아버지를 통해 다시 강조돼요. 떠나는 날 아침 할아버지는 절대 이곳을 떠나지 않겠다고 합니다. "너희들은 떠나. 난 이곳에 속해. 오렌지와 포도가 지천으로 있는 거 나랑 상관없어. 너희들은 모두 떠나라. 나는 여기 내가 속하는 곳에 남을 거야." 이래서 할아버지는 피난길에 나선 지 얼마 되지 않아 길에서 숨을 거둡니다.

조드 일가는 전단지에 의지하여 수천 마일 떨어진 캘리포니아로 떠납니다. 그 길이 얼마나 험할지, 무슨 일이 생길지 예측할 수 없어요. 트럭을 타고 길 위에서 먹고 자며 버텨내야 합니다. 작가는 이 자세한 준비과정이, 그들이 챙기는 냄비 하나가 심지어 희망보다 더 중요하다고 말하고 있어요.

조드 일가가 떠난 뒤 증조할아버지 때부터 이들이 살아왔던 흔적들과 기억들은 잡초 속에 파묻히고 흉가로 변할 것입니다. 이렇게 작가는 떠나는 이들의 상처와 분노가 어떨 것인지, 과

거 없는 삶이, 떠나기만 하는 삶이 가능한지 반복해서 물어요. 케이시의 말을 들어보세요.

■ ■ ■ "나는 온 나라를 걸어 다녔어. 모두들 똑같은 질문을 했지. 우리는 어디에 도달하는가, 우리는 어느 곳에도 도달하지 못하는 것 같아. 언제나 길 위에 있어. 언제나 가고 또 가고 있어. 사람들은 계속 움직이고 있어. 그래야 하기 때문이지. 그래서 모두들 움직이는 거야. 그들이 가진 것보다 더 나은 것을 원하기 때문에 움직이는 거지." (128)

그래요. 이 소설은 단순한 사회 고발 소설이 아니에요. 소작농들이 땅에서 쫓겨나는 과정을 통해 작가는 산업화와 기계 문명이 인간의 삶에 끼치는 파괴적인 영향에 대한 근본적인 성찰을 하고 있어요. 전통 사회가 무너지고 표류하는 사람들의 불안과 두려움을 통해 땅과 유리된 삶의 허구를 통렬하게 지적하고 있어요.

The Grapes of Wrath

제3강

이번 강의에서는 미국의 길, 66번 고속도로에 대한 묘사가 강조돼요. 그리고 길 위에서 할아버지의 상을 당하고 처음 만난 윌슨 부부의 도움으로 장례를 치르는 과정이 상세하게 묘사됩니다. 보세요.

66번 고속도로. 조드 일가가 낡은 트럭에 가재도구들을 싣고 불안과 기대를 안고 캘리포니아를 향해 달리는 길. 1928년 11월 완성된 이 고속도로는 미국의 길이라고 불리기도 하면서 테크놀로지의 아이콘이 되었어요. 시카고, 일리노이, 미주리, 캔자스, 오클라호마, 텍사스, 뉴멕시코, 애리조나, 샌프란시스코를 관통하는 이 길은 팝송으로, 텔레비전 쇼로 유명해지면서 미국의 지형과 분위기를 탈바꿈시켰어요. 고속도로 주변에 생겨난 간이휴게소, 식당, 주유소 등은 지역의 경제 발전에 큰 역할을 하기도 했어요. 그래요. 이 길을 따라 대공황 시대 더스트 볼 지역 이주 농민들의 대탈출이 계속돼요.

■ ■ ■ 66번 도로는 사람들이 도망가는 길이다. 먼지와 점점 줄어드는 땅, 트랙터의 굉음과 박탈당하는 소유권, 침투해오는 사막과 텍사스에서 불어오는 회오리바람과 땅을 비옥하게 만들기는커녕 남아 있는 비옥함마저 뺏어가는 홍수들, 이 모든 것들로부터 사람들은 도망치고 있다. 그들은 갓길, 마차길, 울퉁불퉁한 시골길을 달려 66번 고속도로에 들어선다. 66번 도로는 이 길들이 모이는 길이며 도주의 길이다. (118)

우리는 조드 일가의 피난길을 따라가면서 이 고속도로가 또 하나의 주인공이라는 느낌을 지울 수가 없어요. 중고 트럭에 잡동사니 필수품을 싣고 열한 명의 식구가 타고 달리는 길. 가도 가도 끝없는 벌판과 사막, 돌연 거대한 산들, 평원이 나타나고 그러다가 저 아래 산맥 사이로 흐르는 콜로라도의 초록빛 강물. 미시시피에서 베어커스필드까지 붉은 땅과 회색빛 대지를 거쳐 구불거리며 주의 경계선을 지나 비옥한 캘리포니아 계곡으로 이 고속도로는 계속돼요.

이 엄청난 대륙은 어디에서 시작되어 어디에서 끝나는 것일까요? 중고 트럭은 목적지까지 달릴 수 있을까요? 타이어는 무사할까요? 중간중간 휘발유를 얼마나 채워야 할까요? 66번 고속도로에는 조드 일가처럼 새로운 정착지를 찾아 가는 사람들이 탄 수많은 차량들이 헐떡이며 달리고 있어요. 고속도로 위에서 차들은 고장 나고 버려지고 있어요.

캘리포니아로 가는 이들의 피난길이 얼마나 험난한 것인지를 보여주는 방법은 다양해요. 우선 66번 고속도로 위의 상황입니다. 끝없는 차들의 질주, 그 살벌하고 음울한 질주에 대한 묘사가 간이휴게소 사람들의 눈을 통해 이어집니다. 커피와 오래된 케이크, 샌드위치와 햄버거를 팔면서, 흙먼지 속에 질주하는 차들을 보면서, 커피 마시러 들어오는 사람들을 보면서, 그들은 중얼거립니다. "온 세상이 난리가 난 것 같군. 모든 차들이 서쪽을 향해 달리는군. 동쪽으로 가는 차는 없어. 도대체 이 나라에 무슨 일이 일어나고 있는 거야."

이런 고속도로 위에서 일행 중 한 사람이 병이 난다면, 자동차가 고장 난다면, 사람들 사이에 불화가 생긴다면 어떨까요? 그래요. 이들의 피난길은 위험과 예측할 수 없는 위기에 노출되어 있습니다.

이런 상황에서 조드 일가의 모습을 그려보세요. 그들을 지탱해주는 꿈, 후렴처럼 반복되는 말들을 보세요. 캘리포니아, 오렌지와 포도들이 주렁주렁 열려 있고, 일자리도 많고, 임금도 높고, 열심히 일하면 하얀 집을 마련할 수 있다… 그들은 이런 글들이 적힌 전단지를 가슴에 품고 다니면서 시련이, 의혹이, 불안이 생길 때마다 꺼내 읽어요.

그들은 작은 주유소에 멈춰요. 기름도 넣고 물통도 채우고 잠깐 동안 몸을 움직이고 휴식을 갖는 것이지요. 땀에 젖은 뚱뚱한 주유소 남자를 통해 다시 한번 광풍과도 같은 이주민의 행렬을 확인하게 됩니다. "하루에도 수백 대의 트럭이 여기 멈추었다가 가요. 모두 가난한 사람들이에요. 부자들은 이런 곳에 멈추지도 않아요. 돈이 떨어진 사람들은 낡은 구두 한 켤레, 헌 담요 한 장을 주면서 휘발유를 달라고 해요. 그들이 지나가고 나면, 화장실과 주유소 근처는 쓰레기장이 돼요."

"도대체 이 나라가 어떻게 되려는 것이오? 무슨 일이 일어나고 있는 거요? 그렇게 많은 사람들이 지나갔는데 일자리는 이미 그들이 다 차지한 거 아니오?" 이런 이야기를 들으며 조드 일가는 불안해집니다. 캘리포니아의 현실은 기대하는 것과 다를 수 있어요. 약속과 기회의 땅이 아닐 수도 있어요.

프런티어 테제(Frontier Thesis)에 대해 잘 아시지요? 19세기 미국의 역사학자 터너(F. J. Turnner)는 미국 민주주의와 정체성에 프런티어 경험이 큰 영향을 주었다고 했어요. 그는 서부를 새로운 프런티어, 미국의 안전밸브로 보았어요. 동부의 도시들이 포화 상태가 되고 일자리가 없어지면 사람들은 새로운 기회를 찾아 서부로 떠나는 것이지요. "젊은이들이여, 서부로 가라." 19세기 미국을 움직인 강력한 슬로건이었어요.

프런티어는 1890년경 끝났지만 서부가 새로운 가능성의 땅이라는 신화는 여전히 건재했어요. 가령 1939년에 발표된 나다니엘 웨스트(N. West)의 중편 『징벌의 날The Day of the Locust』의 마지막 장면이 떠오릅니다. 소설 속 인물들은 오로지 캘리포니아로 가는 꿈에 의지하며 평생을 중서부의 좁은 사무실에서, 백화점 카운터 앞에서 견뎌냈어요. 그러나 "햇빛과 오렌지의 땅"에서 정작 그들을 기다리는 것은 권태와 환멸입니다. 분노한 군중은 폭발하여 큰 혼란에 휩싸여요. 아메리칸 드림에 대한 섬뜩한 증언이지요.

자, 조드 일가가 피난길에서 겪는 일들을 살펴보기로 하지요. 우리는 차츰 알게 될 거예요. 이들 가족이 거쳐 가는 일들은 정착지에서 겪는 일들과 크게 다르지 않아요. 그러나 피난길이라는 불안정한 상황이 그들을 더욱 절박하고 위태롭게, 때로는 더 진실하게 만들기도 합니다. 그들은 가족의 죽음과 이별도 겪어요. 중요한 만남도 있어요. 또 돌발적인 위기에 부딪히기도 해요. 그리고 캘리포니아에 관한 정보를 얻어요.

자, 조드 일가의 피난길에 첫 번째 전환점이 옵니다. 이 부분은 두 가지 면에서 중요해요. 할아버지가 돌아가시고 땅에 묻히기까지의 과정을 통해 조드 일가의 결속력이 확인돼요. 그리고 이때 처음 만난 윌슨 가족의 도움이 컸어요. 두 가족을 통해 작가는 길에서 만나는 사람들의 상부상조의 방식을 제시하고 있어요. 보세요.

종일 달려온 조드 일가는 해질 무렵 야산 길 옆에 멈춰요. 먼저 정차해 있던 이들에게 주차할 수 있는지 묻고 동의를 받아요. 길 위에서의 규칙이군요. 그때 윌슨 부부는 차가 고장이 나서 머물고 있었군요.

기억하지요? 할아버지는 처음부터 고향집을 떠나려 하지 않았지요. 끝까지 살던 곳에 남겠다고 했었지요. 피난길을 달려오며 할아버지는 기진맥진한 상태예요. 쓰러질 듯 트럭에서 내린 할아버지를 부축해서 윌슨 부인은 자기 집 텐트 안으로 모셔요. 그리고 매트리스 위에 눕게 해요. 할아버지는 그 상태로 가족들이 지켜보는 가운데, 그리고 케이시의 기도 속에 고통 없이 숨을 거둡니다. 조용한 스트록이 온 거지요. 윌슨 부인이 자기 집 홑이불로 할아버지를 덮어요.

할아버지의 장례를 치르는 과정이 자세하게 나와요. 조드 일가족은 윌슨 가족의 도움을 받으며 일사분란하게 역할 분담을 해요. 가족들이 모여 아버지의 주도로 할아버지의 장례에 대해 의견을 나눕니다. 할아버지의 죽음을 관청에 알리면 45불을 내야 해요. 그렇지 않으면 행려병자로 취급되니까요. 그러나 45불을 내면 캘리포니아까지 갈 수 없어요. 아버지는 말해요. "아들은 아버지를 땅에 묻을 권리가 있고 아버지는 아들에 의해 묻힐 권리가 있다." 가족들은 관청에 보고하지 않고 할아버지를 땅에 묻기로 해요.

아버지, 큰아버지, 세 아들은 번갈아 가면서 땅을 깊게 파요. 큰딸과 윌슨 부인이 가족들을 위해 저녁 준비를 해요. 어머니가 대야에 물을 담아 혼자 텐트에 들어가 시신을 염하는 장면이 자세하게 나와요. 윌슨 부인이 촛불을 가져와서 상자 위에 붙여요. 촛불 아래서 어머니는 할아버지의 두 눈을 감기고 입을 다물게 하고 두 손을 가슴 위에 얹어요. 셔츠 단추를 잠그고 얼굴을 깨끗이 씻어요. 팔다리를 곧게 펴요. 그리고 시신을 덮었던 윌슨 부인의 홑이불을 사용해서 할아버지를 잘 묶어요. 윌슨 부인이 가져온 안전핀으로 고정해요.

계속되는 장면을 잘 보세요. 할아버지가 떠돌이가 아니라는 것을 증명하기 위해 흰 종이에 할아버지의 이름, 사망 이유, 대단히 연로하신 분이라는 것, 스트록이 왔다는 것, 가족들이 장례 비용이 없기 때문에 그를 땅속에 묻는다는 것, 그리고 시편에서 고른 성경 구절을 적어서 작은 병에 넣고 할아버지 손 안에 쥐어줘요. 흰 종이는 윌슨 부인이 자기 성경책 앞장을 떼어 낸 것이었어요.

아버지와 큰아버지, 아들들이 텐트 안으로 들어와 정성껏 홑이불로 묶은 시신을 들고 나와 파놓은 무덤으로 가서 조심스럽게 땅속에 넣어요. 그리고 흙을 덮기 전에 케이시가 기도합니다. 그는 몇 번이나 자기는 목사가 아니므로 기도할 수 없다고 사양했지만, 그러나 그가 하는 기도를 들어보세요.

■ ■ ■ "여기 묻힌 노인은 한 생을 살다가 방금 영면하셨습니다. 그가 착한지 나쁜지 나는 모릅니다. 그건 상관없어요. 그가 살았었다는 것, 중요한 것은 그것입니다. 이제 그가 돌아가셨다는 것은 중요하지 않습니다. 나는 언젠가 누가 이런 시를 말하는 걸 들었습니다. '살아 있는 모든 것은 신성하다.' 그걸 계속 생각했는데 점점 더 상당한 의미가 있었습니다. 난 돌아가신 노인을 위해 기도하지 않겠습니다. 그는 괜찮아요. 그의 앞에는 할 일이 놓여 있습니다. 그 일을 하는 방법은 오직 하나이지요. 우리도 할 일이 있습니다. 많은 길이 있는데, 우리는 어떤 길을 택할지 모릅니다. 내가 기도를 해야 한다면, 어떤 길을 택할지 모르는 사람들을 위해서입니다. 여기 계신 할아버님은 편안하게 가셨습니다. 이제 그를 묻으세요." (144)

어떠세요? 그가 착한지 나쁜지 모르겠다, 그건 중요치 않다… 케이시가 기존 목사들과 다른 이유를 아시겠지요? 또 기도 중에 나온 말, "살아 있는 모든 것은 신성하다"는 블레이크의 시의 한 구절인데, 그는 이 말의 의미를 계속 생각해왔군요. 그래요. 이 말의 의미는 앞으로 그의 행동을 통해서, 그의 영향을 받은 톰을 통해서, 계속 상기될 것입니다.

자, 기도가 끝나고 봉분을 만들어요. 이때 톰이 의견을 냅니다. 새로 만든 봉분을 보면 사람들이 파헤친다. 그리고 누가 그랬는지 도처에 지명수배를 한다. 나는 가석방 상태인데 그런 일이 일어나서는 안 된다. 그들은 다시 봉분을 편편하게 만들고 가랑잎과 작은 나뭇가지들을 덮어서 표시 나지 않게 합니다. 그런 뒤 두 가족은 함께 둘러앉아 윌슨 부인이 내온 감자와 조드 가족이 준비해온 돼지고기로 저녁을 먹습니다.

피난길이 시작된 지 얼마 되지 않아 맞게 된 할아버지의 죽음은 무엇을 뜻할까요? 그래요. 케이시가 말하듯이 할아버지는 일생을 잘 사시고 지금까지 살아온 그 땅에서 돌아가신 것과 같아요. 아름드리나무는 옮겨 심지 않아요. 할아버지는 오래된 나무처럼 고향에 깊게 뿌리를 내렸어요. 할아버지는 새로운 곳에서의 시작을 감당할 수 없습니다. 이제 새 시작은 남은 식구들의 몫이 되었어요.

할아버지의 장례를 통해 주목해야 할 점이 있어요. 처음 만난 윌슨 가족이 돌발적인 할아버지의 죽음 앞에서 기꺼이 도움의 손길을 내미는 모습입니다. 두 집안이 힘을 모아 할아버지를 보내는 장면은 혈연을 넘어서는 가족의 모습을 보여주었어요. 서로 의지가 되면서 든든해 보였어요.

그래요. 이 소설은 조드 일가가 캘리포니아에 도착할 때까지 어려움 속에서도 위기를 극복하는 힘이 어디서 오는지를 가족과 이웃이라는 틀에서 보여주고 있어요. 낯선 사람들이 만나 상부상조하는 모습으로 보여주고 있어요. 나중에 윌슨 부인의 건강이 악화되어 두 가족이 헤어질 때 조드 일가는 그들에게 성의를 다해요. 그리고 이런 예의와 배려는 같은 식구들 사이에도 작용해요. 식구들은 역할 분담을 하고 각자 할 수 있는 일을 해나가면서 가족의 유대를 지켜갑니다.

이 부분을 좀더 보지요. 장례를 다 끝낸 뒤, 조드 일가는 윌슨 부부에게 정식으로 감사의 뜻을 표해요. 도울 수 있어서 기쁘다는 말, 서로 어려울 때 돕는 것이 당연하다는 말들이 오고 가요. "우린 댁에 신세를 졌어요." "죽음 앞에서 신세 지는 거란 없어요." "우리가 댁의 차를 고쳐드릴게요."

우리는 알게 돼요. 윌슨 부부는 고향을 떠난 지 3주일이 되었어요. 자동차가 계속 고장이 났고, 캘리포니아에 갈 돈도 얼마 남지 않았어요. 무엇보다 윌슨 부인이 몹시 아파요. 그러자 운전을 담당하는 앨과 톰이 의견을 냅니다. 지금 조드 일가의 트럭은 과부하 상태지요. 윌슨 씨의 차를 고쳐 조드 일가의 짐을 나누어 싣고 식구들도 나누어 타면 좋을 것이란 거지요.

그래요. 경우 바르고 사려 깊은 윌슨 부부를 보면서 조드 일가는 그들과 동행해도 좋다고 생각한 것이지요. 윌슨 씨는 그 제안에 고마워하지만 조드 일가에 짐이 되고 싶지 않다고 몇 번씩 사양합니다. 어머니가 말해요. "전혀 짐이 되지 않아요. 우리 서로 도우면서 다 함께 캘리포니아로 가요." 이렇게 두 가족은 동행하게 됩니다.

조드 일가와 윌슨 부부의 경우는 앞으로 낯선 사람들끼리의 만남에 표준을 제공하게 될 것입니다. 이렇게 자세하게 할아버지의 장례 절차를 보여준 작가의 의도가 여기 있다는 생각이 드네요.

The Grapes of Wrath

제4강

이번 강의에서는 대지주들의 변화에 대한 무지와 위험성이 지적됩니다. 그들은 소유에 갇혀 있어요. 그래서 배고픔과 일하고자 하는 인간의 욕구가 파업을 불러올 것임을 몰라요. 그리고 케이시가 언젠가는 피난민들과 함께 그들을 위한 행동에 나설 것임을 톰과의 대화를 통해 암시해요. 그리고 우리는 캘리포니아의 현실에 대해 알게 됩니다.

막간입니다. 여기서 작가는 본질적인 질문을 해요. 이렇게 수많은 피난민이 몰려가는 서부, 그곳은 어떤 곳인가. 서부로 가는 고속도로에서는 무슨 일이 일어나는가. 고속도로 도처에서 교통사고가 나요. 개조한 중고차에 살림살이와 식구들을 싣고 달리다가 트럭과 충돌해요. 애들이 튕겨 나가고 죽기도 해요.

난장판 속에서도 미친 듯이 차들은 달려요.

목숨 걸고 달려가는 그곳, 서부에는 변화의 광풍이 몰아쳐요. 이 부분을 잘 보세요. 대지주들은 변화가 두려워요. 그들은 커지는 노동조합, 새로운 세금 제도, 권한이 커지는 정부를 공격하면서도 모르고 있어요. 다시 말해 변화의 원인, 엄청난 굶주림, 안정에 대한 욕구, 일하고 싶은 몸과 창조하고 싶은 인간의 갈망이 변화의 근본 원인이라는 것을 모르는 거예요.

피난길에 나선 한 남자와 또 다른 한 남자가 머리를 맞대요. 그들은 더 이상 나 혼자가 아니라 우리가 돼요. 나에서 우리가 되는 것, 변화의 시작입니다. 그러나 대지주들, 은행들, 자본가들은 이해할 수 없어요. 소유라는 것이 사람을 나 속에 가두어서 우리로부터 고립시키기 때문이지요. 이 부분을 주목하세요.

작가는 거침없이 말해요. 두려워할 것은 대지주들이 살아 있는데도 파업이 일어나지 않는 것, 인간이 자신의 생각 때문에 목숨을 바치려고 하지 않는 것이라고 단언해요. 소유라는 것이 사람을 내 속에 가둔다. 우리로부터 소외시킨다. 이 말이 계속 반복돼요.

자, 다시 줄거리를 따라가보죠. 조드 일가와 윌슨 부부는 두 대의 차에 나누어 탑니다. 서부를 향해 목숨을 걸고, 희망을 걸고, 피난길을 계속합니다. 강과 사막과 평원이 끊임없이 나타났다 사라집니다. 윌도라도, 텍사스, 뉴멕시코, 페코스 강. 고속도로는 그들의 집이 되고, 그들은 고속도로 위의 삶에 적응해갑니다. 뜨거운 열기 속에서 딱딱한 빵만으로 끼니를 때우기도 합니다. 길고 지루한 피난길 중에서도 그들을 지탱해주는 것은 서부에 대한 기대와 꿈입니다.

만삭의 로저샨은 어머니에게 계획을 얘기해요. 그녀와 남편 코니는 도시의 하얀 집에서 살고 싶어요. 그는 낮에는 일하고 밤에는 통신 강의로 라디오 기술을 공부할 거예요. 기술자가 되면 더 좋은 직장도 구할 수 있을 거예요. 영화를 많이 보고 자동차도 살 거예요. 아기에게도 새 옷만 사줄 거예요. 광고에 나오는 걸로.

우리는 그녀의 이 꿈이, 이런 계획이 물거품이 된다는 것을 오래지 않아 알게 될 것입니다. 그래요. 꿈과 현실이 너무 차이가 나면 꿈을 포기하기도 하고 현실에서 도망치기도 하지요. 기술자가 되고 싶고 하얀 집에서 살고 싶던 코니는 피난길이 힘들어지자 어느 날 혼자 사라질 것입니다.

자, 무더위 속에서 광활한 대륙을 달리던 윌슨 부부의 차에 다시 문제가 생기는군요. 중고차를 속아서 산 것 같은데, 이번 고장은 간단치가 않아요. 25년식 닷지 부품을 새로 구해 교체해야 합니다. 고속도로에서 발이 묶이게 되는군요. 피난민들에게 시간과 돈은 절박한 문제입니다.

이번 일을 겪으면서 우리는 또 한 가지 중요한 것을 알게 돼요. 상부상조의 법칙이란 물량적인 것에만 근거하지 않아요. 윌슨 부부는 자신들의 차가 계속 고장이 나서 조드 일가의 피난길이 지연되는 것을 원하지 않아요. 조드 일가에게 먼저 떠나라고 합니다.

두 집안의 관계가 시험대에 오르게 돼요. 그러나 아버지는 반대해요. "아니요. 우리는 친척처럼 되었어요. 할아버지는 댁의 텐트에서 돌아가셨구요. 덕분에 예를 갖추어서 장례를 마무리할 수 있었어요."

그래요. 할아버지를 잘 보내드릴 수 있었던 것은 자동차 고장으로 인한 불편함과는 비교될 수 없는 일이군요. 조드 일가는 윌슨 부부에게 양적인 것으로는 대치할 수 없는 은혜를 입었다고 생각하는 것이지요. 그리고 윌슨 부부는 자기들이 도움 준 것에 기대어 무리하게 신세를 지려고 하지 않아요. 이렇게 두 집안은 체면과 양식 있는 사람들로 묘사돼요. 윌슨 부부는 계속 조드 일가와 동행해요. 두 집안의 관계가 보다 굳건해진 것이지요.

이제 고장 난 차를 두고 어떻게 일정을 잡을까요? 다시 한번 중요한 결정을 해야 합니다. 톰이 의견을 내요. 먼저 조드 일가의 트럭을 타고 두 가족 모두 예정대로 캘리포니아를 향해 떠난다, 톰과 케이시는 뒤에 남아 윌슨 씨의 차를 고친 뒤 뒤따라 간다, 그들은 도중에 만날 수도 있고 못 만난다 하더라도 먼저 캘리포니아에 도착한 식구들이 일자리를 구해 돈을 벌고 있으면 뒤따라 찾아갈 것이다….

어떠세요? 톰의 의견은 합리적으로 들리지요? 이 의견에 아버지는 찬성하면서 윌슨 씨에게 물어요. 윌슨 씨는 미안해하면서 물론 찬성해요. 그러나 어머니의 생각은 달라요. 어머니에게 이는 가족이 해체될 수도 있는 위기입니다. 그는 이런 때일수록 가족은 함께 있어야 한다고 믿어요. 기댈 것은 가족뿐이라고 주장해요. "돈을 번다 한들 무슨 소용이야. 우리에겐 가족이 전부야. 호랑이가 어슬렁거릴 때 소들이 전부 한곳에 모여 있잖아. 우리가 함께 있으면 난 두렵지 않아."

어머니의 태도가 너무도 단호해서 아버지도 큰아버지도 다른 사람들도 놀라서 말을 잊어요. 이 부분이 자세하게 묘사됩니다. 오랜 가부장 질서에 익숙한 아버지와 아들들, 그리고 어머니가 이렇게 급박한 사정 앞에서 서로 의견을 말하지만 결국 어머니의 뜻에 따르기로 하는 과정이 인상적입니다.

그래요. 피난길의 불안정한 상황 앞에서 농사짓던 시대의 질서와 규범들은 변할 수밖에 없어요. 아버지는 가장으로서의 자신의 위치가 변하는 것을 알아요. 그리고 인정해요. 이는 소설의 끝부분 아버지와 어머니가 나누는 대화에서 잘 나타날 거예요.

이 일을 계기로 앞으로 돌발적인 사건과 위험 앞에서 아버지는 점차 한 발 물러서고 어머니가 앞장서게 돼요. 이는 이들이 캘리포니아에 도착해 예측할 수 없는 상황을 만나면서 더욱 분명해질 것입니다. 이렇게 해서 가족은 함께 움직이게 됩니다. 앨과 톰과 케이시가 차를 고치는 동안 나머지 식구들은 트럭을 타고 고속도로변의 적당한 곳에 천막을 치고 기다리면 이들은 차를 수리한 뒤 합류하기로 해요.

그래요. 피난길에서 가족들은 크고 작은 위기에 대처해나가요. 가족들이 와해되기도 하지만 조드 일가처럼 유대가 더 단단해지기도 해요. 이는 고장 난 차를 고쳐가는 과정에서 잘 나타나요.

앞에서 이 소설의 또 하나의 주인공이 자동차인 것 같다고 말했지요? 넓고 넓은 공터에 들어찬 갖가지 종류와 형태와 색깔의 중고차들을 보면서 말이지요. 이번에 톰과 앨 형제가 고장 난 차를 고치는 과정을 보면서 이 생각이 더욱 굳어져요. 자동차는 이들에게 생명선이에요. 그런데 피난민들의 차는 거의 중고차입니다. 부품도 낡았고 속아서 사게 된 폐차 직전의 차들도 있어요.

톰과 앨, 케이시가 윌슨 부부의 25년식 닷지를 고치는 과정이 지루할 만큼 길게 묘사돼요. 앨이 다른 가족들을 트럭에 태우고 나무 그늘이 있는 장소를 찾아가서 기다리게 하고 다시 톰 일행에게 돌아오는 것, 고장 난 차를 케이시가 지키고 톰과 앨 두 형제가 트럭을 타고 헤매다가 폐차장을 찾아 필요한 부속품을 구하는 것, 폐차장에서 일하는 남자의 넋두리를 듣는 것, 필요한 부품을 구한 뒤 차 아래로 기어들어가 기름투성이가 되어 부품을 갈아 끼우는 것, 이 모든 것이 하나하나 전문적인 용어로 묘사됩니다. 자동차 부품의 이름들이 이렇게 어렵군요. 자동차를 속속들이 알지 못한 채 운전을 하는 것은 황당한 일이라는 생각이 새록새록 들어요. 하여간에 이 자세한 묘사들을 건너뛰고 싶은 마음을 누르면서 따라가다가 의문이 들어요. 한시바삐 차를 고쳐 캘리포니아로 달려야 하는데 차 고치는 과정을 왜 이렇게 계속 보여주는 거야?

반복하건대, 이 소설은 목적지에 도착할 때까지 길 위에서 일어나는 일들을 하나도 놓치지 않아요. 자동차 고장과 수리, 낯선 가족과 만나는 일, 할아버지의 죽음과 장례, 길 위에서 식사를 준비하는 일, 모든 일들을 똑같은 비율로 똑같이 상세하게 보여줘요. 좀더 극적이고 재미있는 얘기가 없나, 앞으로 먼저 가봐도 없어요. 이 소설에서는 다 중요해요. 심장도 중요하고 위장도 중요한 것처럼 말이지요. 길 위에서 일어나는 일들 하나하나가 다 연결되어 있어요. 작은 톱니바퀴들이 모여서 큰 바퀴가 움직이는 것과 같은 이치라고 할까요.

자동차를 고치는 길고 힘든 과정이 중요한 이유는 또 있어요. 우리는 이때 인물들에 대해서 좀더 잘 알게 돼요. 톰과 앨,

두 형제는 그동안 서먹했던 감정들을 풀기도 하고 형제애를 확인하기도 해요. 무엇보다 케이시의 생각을 더 잘 알게 돼요.

먼저 톰과 동생 앨의 관계를 볼까요? 두 형제는 이번 피난길에서 없어서는 안 되는 인물들이에요. 둘이 번갈아가며 운전을 해요. 자동차가 고장 나면 두 사람이 힘을 합쳐 고쳐요.

앨은 톰의 감옥 생활에 대해 알고 싶어해요. 우리도 감옥에서 톰이 어떻게 지냈는지 잘 알지 못하고, 작가도 그에 관한 정보를 별로 주지 않아요. 동생은 계속 물어요. 한창 나이 젊은이의 두려움 섞인 호기심이겠지요. 그러나 톰은 동생의 질문을 애써 피해요. 감옥 얘기는 하고 싶지 않다고 해요. 톰의 태도 이해하시지요? 동생이 기분이 상한 듯 입을 다물자 톰은 웃으며 말해요. 그는 동생을 이해하는 듯해요.

■ ■ ■ "(…) 감옥이란 사람을 천천히 미치게 만드는 곳이야. 알겠어? (…) 한 가지만 말할게. 그 안에서 사람들은 미쳐가는 거야. 미친 사람들을 보고 그들의 말을 듣다 보면 너도 미쳤는지 아닌지 모르게 돼. 그들이 밤에 비명을 지르면 비명 지르는 게 너라는 생각을 하게 돼. (…) 30일이라면 괜찮아. 180일도 좋아. 그러나 1년이 넘으면, 모르겠어. 사람을 가두는 거 끔찍해. (…) 그 얘기, 하고 싶지 않아." (177)

그렇군요. 몇 마디 말로 그가 감옥에서 4년 동안 겪은 시간에 대해 상상할 수 있을 뿐입니다. 그 시간을 어떻게 견뎠을까요? 그는 당장 눈앞의 일만 보고 생각하면서 견뎠다고 해요. 이제 밥을 먹는다, 이제 운동을 한다, 이런 식으로 말이지요. 길게 생각하면 미치니까요. 하여간에 그는 크게 망가진 것 같지는 않아요. 지금까지 그는 과묵하고 속이 깊고 책임지는 인물로 그려져요. 그래서 어머니가 그를 의지하는지도 모릅니다. 그런데 그는 지금 가석방 상태예요. 불안정한 처지이지요.

다시 톰은 동생에게 부드럽게 말해요. "너. 무슨 일이 잘못되면 변명부터 하는데, 그러지마. 남들이 네 탓이라고 비난할까 봐 미리 겁낼 거 없어. 왜냐하면 일이 잘못되는 게 반드시 네 탓만은 아니거든." 톰의 이 말에 독자들도 수긍해요. 지금까지 앨은 다른 이의 말에 상처입고 의기소침해지곤 했어요. 그가 운전을 하며 힘든 피난길을 견뎌낼지 걱정스럽기도 했어요. 그런데 지금 톰이 동생에게 용기를 주네요. 톰의 성숙한 면이 이런 식으로 나타나는군요. 이렇게 자동차 고장이라는 위기를 겪으며 두 형제 사이에는 새로운 신뢰가 생긴 듯합니다. 그렇지요?

무엇보다 자동차를 고치는 동안 톰과 케이시가 서로 속 깊은 이야기들을 해요. 우리는 케이시가 구체적으로 어떤 생각을 하고 있는지 알게 됩니다. 톰과 케이시는 처음에는 농담 비슷하게 이런저런 말을 해요. "난 목사를 안 하면 결혼할까 봐. 실은 목사일 때도 부흥회 끝나면 여자하고 풀숲으로 뛰어갔어." "아, 나도 그래요. 감옥에서 나오자마자 여자한테 달려갔어요, 흐흐."

그러다가 케이시가 말해요. "톰, 너 봤지? 저렇게 많은 차들이 맹렬하게 서쪽으로만 달리는 거. 동쪽으로 가는 차는 없어. 저렇게 많은 차들이 계속 달려가는데 우리가 서부에 도착했을 때 일자리가 남아 있겠어?" 톰도 속으로는 같은 걱정을 하고 있었는지 몰라요. 그러나 그의 대답을 보세요. "내가 어떻게 알아요? 난 눈앞의 일만 생각해요. 4년 동안 감옥에서도 그랬어요. 감방으로 들어가고 나오고. 지금 난 자동차 부품 구할 생각만 한다구요. 그게 제일 중요해요. 난 걱정 안 할래요. 그럴 수가 없어요."

톰의 이 말은 그가 감옥에서 터득한 지혜입니다. 극한 상황을 견뎌내는 방식이지요. 그래요. 이렇게 모든 일이 불투명한데 앞일을 걱정하는 것은 무모한 일일 수 있어요. 걱정하느라 몸과 마음이 지치고 앞날에 대한 의욕을 미리 잃어버릴 수 있어요. 그러나 케이시는 말을 계속해요. 그의 말은 의미심장해요. 앞으로 이들에게 일어날 일들에 대한 전체적인 조감도와 같아요.

■ ■ ■ "뭔가 일어나고 있어. 사람들도 무슨 일들을 하고 있어. 사네 말처럼

사람들은 한 발 한 발 나아가고 있어. 그들은 자기들이 어디로 가고 있는지 생각하지 않아. 그러나 모두 같은 방향으로 가고 있어. 귀를 기울이면 움직이는 소리, 살그머니 가는 소리, 부스럭거리는 소리, 그리고 불안정한 상태를 들을 수 있어. 무엇인가 진행되고 있는데 사람들은 아직은 몰라. 무슨 일이 일어날 거야. 이 많은 사람들이 서쪽으로 가고 있어. 무슨 일이 벌어질 거야. (…) 온 나라를 변화시킬 일이 일어날 거야."

톰이 말했다.

"그래도 나는 한 번에 한 걸음씩 움직일 거예요."

"그래. 하지만 울타리가 나타나면 그 울타리를 넘겠지."

"넘어야 할 울타리가 나타나면 넘어야죠."

케이시가 한숨을 쉬었다.

"그게 제일 좋지. 동의하지 않을 수 없군. 그러나 다른 종류의 사람들도 있어. 나 같은 사람은 나타나지도 않은 울타리를 넘지. 어쩔 수 없다니까." (173-4)

두 사람의 대화, 잘 들었지요? 톰은 케이시와는 다른 입장을 취해요. 눈앞에 일어나는 일만 생각하고 해결해나가겠다고, 미리 걱정하지 않겠다고 잘라 말해요. 그의 입장에서는 극히 실용적인 태도예요.

케이시도 그 입장을 이해해요. 그러나 그는 피난민들을 보면서 보다 근본적인 통찰을 하고 있어요. 앞으로 어떤 일이 터질 것인지 예감하고 있어요. 두 입장이 다 필요해요. 둘은 서로 보완관계예요. 매순간 닥치는 일을 해결해야 하고 이 모든 일들이 무엇을 향하고 있는지, 전체를 조망할 수 있어야 해요. 나중에 톰이 케이시의 영향을 받는 것은 바로 이런 보완관계를 보여주는 것이겠지요.

좀더 보세요. 케이시는 수천 명의 사람들이 서부로 몰려가는 이 현상에서 거대한 변화의 낌새를 봐요. 쿵쿵거리며 맹목적으로 전진하는 이들의 절박함 속에서 터지기 직전의 위험한 기운을 봐요. 그는 자신이 이 변화를 외면하지 않고 앞장설 것임을 예감하고 있어요.

그래요. 그는 피난민들에게 천국을 준비하라는 설교를 하는 것이 아니라 지금 이곳에서 이들이 절박하게 원하는 것이 무엇인지를 확인하고 있어요. 그리고 자신이 무엇을 해야 할지 알고 있어요. 케이시의 입장이 처음으로 분명하게 드러나는군요. 우리는 앞으로 그가 사람들 속으로 들어가 그들과 함께 투쟁하게 될 것을 예견하게 됩니다.

사람들이 캘리포니아로 몰려가면 이들을 기다리고 있는 것은 높은 임금, 하얀 울타리가 쳐진 집이 아니에요. 이들의 절박함을 착취하는 농장주들, 이들의 기대를 안팎에서 좌절시키는 사람들, 무엇보다 자기들의 일자리가 위협당하는 것이 두려워

이들을 혐오하고 배척하는 캘리포니아 사람들이 이들을 기다려요. 그들을 이곳까지 지탱해준 꿈은 허구임이 밝혀지고 분노한 그들이 행동에 나설 때 그 가운데 케이시가 있어요. 그리고 케이시의 영향을 받아 변하는 톰이 그의 뒤를 이을 것입니다.

계속하지요. 고장 난 닷지를 고친 뒤 일행은 다른 가족들이 머물고 있는 곳에 도착해요. 작은 통나무집이 있고 개솔린 램프에서 나오는 흰 불빛이 둥글게 퍼지고 있어요. 대여섯 채의 텐트가 쳐 있고 차들이 서 있어요. 남자들이 램프불이 타고 있는 난간에 모여 있어요. 어떤 이는 계단에 앉고 어떤 이는 바닥에 앉아 턱을 괴고 있어요.

자, 이 광경이 눈에 그려지지요? 여기서 처음으로 소유자, 집주인, 선동자라는 단어가 등장해요. 스토리에 새로운 국면이 나타나는 거지요. 캠프장의 주인 남자는 하룻밤에 차 한 대에 50센트를 받아요. 조드 일가도 트럭을 세우는 대가로 이미 돈을 냈어요. 주인은 톰 일행이 새로 타고 온 닷지에 대해서도 50센트를 더 내라고 해요.

반복하지만 조드 일가가 마련해온 돈은 바닥나고 있어요. 그래서 다시 50센트를 내는 것은 어려운 일이지요. 거기 모인 피난민들의 사정도 비슷해요. 50센트를 더 낼 수 없다는 톰과 주인 사이에 언성이 높아져요. 톰과 케이시와 큰아버지는 늦은 밤 닷지를 몰고 그곳을 나와 다음날 이른 새벽 가족들과 합류하기로 해요.

그런데 그날 밤 그곳에서 이들은 중요한 정보를 얻어요. 일행 중에 있던 남루한 남자가 캘리포니아의 현실을 말해줘요. 불안하고 창백해 보이는 남자가 아버지에게 말해요. "돈이 많은가 보군요. 가족들이 다함께 움직이는 걸 보니." "아니요, 우린 돈 없어요. 그곳에 가서 일자리를 구하고 열심히 일할 거요. 임금도 좋다고 하니까." 창백한 남자는 갑자기 낄낄 웃기 시작해요. 그의 웃음소리는 주위 사람들을 불안하게 해요. "그곳으로 간다구요, 좋은 임금을 준다구요, 세상에 맙소사."

그 남자를 통해 우리는 알게 돼요. 그 역시 소작농이었고 트랙터에 밀려났어요. 전단지를 보고 온 가족이 서부로 갔지만 일자리도 빵 한 조각도 구하지 못해 아내와 자식 둘이 영양실조로 죽었어요. 그 남자는 실성한 듯 웃어대다가 말해요. "내 말을 들으세요. 거기 가서 일을 주겠다는 남자를 만나면 얼마를 줄 것인지 적으라고 하세요. 그렇지 않으면 속는 거예요."

이 남자의 말은 난민들의 가슴에 차오르는 불안과 의혹을 나타내고 있어요. 이 많은 피난민들이 몰려가는데 일자리를 구할 수 있을까? 그러나 현실을 말하는 그의 목소리는 급히 저지당해요. 캠프장의 주인은 그 남자를 빨갱이, 파업을 부추기는 선동자로 몰아가요. 남자는 어둠 속으로 급히 사라져요.

자, 이렇게 작가는 난민들이 캘리포니아에서 부딪힐 현실이 어떨 것인지 암시하고 있습니다. 앞으로 케이시가 노동운동가로 변하지 않을 수 없는 상황을 이렇게 독자에게 미리 알려주는 것이지요.

그래요. 조드 일가에게 긴 하루였군요. 자동차가 고장 나고, 고치고, 캘리포니아의 현실을 알게 되고… 그러나 다행이었던 것은 가족들이 헤어지지 않고 함께 있었던 것이지요. 이들은 이날의 경험을 통해 가족이 함께 뭉쳐야 한다는 것을 다시 확인하게 되었어요.

우리는 앞으로 조드 일가가 부딪힐 현실을 알게 되었어요. 그들이 질주하는 66번 고속도로, 오렌지와 햇빛의 땅에 대한 그들의 환상과 잿빛 현실이 오버랩됩니다. 앞에서도 말했지요? 이 소설은 로드 소설입니다. 한곳에 터를 잡고 사는 사람들에 관한 소설과는 다를 수밖에 없어요. 사건이 일어나고, 인물들 간의 갈등과 복잡한 심리 묘사 등, 우리가 익숙한 그런 스토리 전개와는 달라요.

그러나 이 소설에서도 길 위에서 겪는 크고 작은 일들이, 만나고 헤어지는 사람들이, 인물들을 단련시키고 성숙하게 해요. 이를 염두에 두고 계속 피난길을 따라가 봅시다. 예상치 못한 더 큰 어려움이 닥칠 수 있지만 중요한 것은 이 질주가 계속된다는 것입니다.

The Grapes of Wrath

제5강

우리는 조드 일가를 따라 거대한 미대륙을 가로질러 가요. 길 위에서 피난민들이 공동체의 규칙을 만들어가는 것도 보게 돼요. 무엇보다 캘리포니아의 현실에 대해서 다시 알게 돼요.

자, 여기서 정리해볼까요? 스타인벡은 사회주의 리얼리즘 계열에 속하는 작가로 알려져 있어요. 부조리한 사회 현실에 대한 그의 묘사는 냉정하고 객관적이고, 인물들의 묘사는 견고한 휴머니즘에 근거하고 있어요. 그는 인물들을 시스템의 부속품으로, 환경의 피해자로만 축소시키지 않아요. 그들의 따뜻한 마음과 자존감을 지키는 모습을 잘 그려내요. 무엇보다 역경 속에서 사람끼리 연대하고 상부상조하는 모습을 강조해요.

이주 농민들은 농촌 공동체가 붕괴된 후 길 위에서 만나는 사람들과 진정한 관계를 만들어요. 잠깐 동안이라도 말이지요. 그래서 이 소설의 또 다른 주인공은 연대하는 많은 사람들, '나'가 아니라 '우리'라고 할 수 있어요. 소설을 읽으면서 이를 거듭 확인하게 돼요.

또 있어요. 이 소설이 과연 미국적인 소설임을 실감하게 돼요. 조드 일가를 따라 사막과 강과 산악지대를, 끝이 보이지 않는 평원 한가운데를, 광대한 목화밭 사이를 숨차게 지나가면서 이 나라가 얼마나 큰지 확인하게 돼요. 이런 거대한 땅을 내 발로 걸어 횡단해보지 못했구나, 아니 자동차로도 달려보지 못했구나, 새삼 생각하게 돼요. 그 나라의 땅과 바다, 기후와 말씨, 음식, 거기 사는 사람들의 언어와 사고, 습관 등을 직접 체험하는 것은 그들의 문학을 이해하는 기본 조건이기 때문이지요.

앞에서도 언급했지만, 이런 이유로 스타인벡은 쉰여덟이던 해 작은 미니밴을 개조해 석 달 동안 반려견 찰리와 함께 미대륙 횡단에 도전해요. 그때까지 직접 가보지 못했던 미국 곳곳을 다니면서 보고 느끼고 경험하고 생각한 것들을 모아서 『찰리와 함께한 여행: 미국을 찾아서』라는 책으로 냈어요.

그는 미니밴의 이름을 로시난테라고 지어요. 재미있지요? 그건 돈키호테가 타고 다닌 말 이름이잖아요. 하여간에 그는 작심하고 로시난테를 타고 미국 곳곳을 다니기로 해요. 자기가 아는 25년 전의 미국은 그동안 너무도 변했다는 것이지요.

그는 이 책에서 이렇게 썼어요. "한 사람의 미국 작가로서 나는 기억을 통해서만 미국에 대해 글을 쓰고 있었다. 그리고 그 기억이란 기껏해야 잘못되고 왜곡된 저장일 뿐이다. 나는 미국의 언어를 듣지 못했고 풀과 나무들과 하수구의 냄새를 맡지 못했고 언덕과 물과 색깔과 빛의 질감을 보지 못했다. 나는 변화를 오직 책으로 신문으로만 알았다. 무엇보다 나는 25년 동안 이 나라를 느끼지 못했다. 다시 말해 나는 내가 알지 못하는 것에 대해 쓰고 있었고 이것은 소위 작가라는 나에게는 범죄 행위와 같았다. 나의 기억들은 25년이라는 시간의 간극에 의해 왜곡되었다." 어떠세요? 작가가 어떤 사람인지 새삼 생각하게 되지요?

하여간에 그렇다고 해서 나에게 미대륙에 대한 여행 기억이 전혀 없는 것은 아닙니다. 우리나라가 자유 해외여행이 가능했던 것은 1980년대인 거, 여러분 상상을 못 하지요? 대학원생이던 호랑이 담배 피던 시절, 나는 부분적으로지만 처음으로 미국을 볼 기회가 있었어요. 하와이에서 샌프란시스코, 그랜드 캐니언, 뉴욕, 뉴잉글랜드까지 그레이하운드 버스로, 비행기로 타고 내리고 하면서 다녔어요. 아득하네요. 두려움 섞인 호기심에 차서 그야말로 신천지 같았던 낯선 도시들과 사람들을 바라보던 것, 어리둥절과 충격. 잊고 있었는데 그때 각인된 미국에 대한 첫인상이 생생해지는군요. 별개의 만화경 속

장면들 같다고 할까요.

반복하지요. 이 소설은 개인의 존엄성을 파괴하는 제도에 대한 고발이에요. 조드 일가의 자존감은 그들이 땅과 맺는 관계로부터 와요. 그런데 은행들, 대기업들, 대지주들이 이들을 땅에서 내쫓아 디아스포라로 만들어요. 그러나 조드 일가를 여전히 지탱해주는 것은 흙에 뿌리내리고 살던 삶에 대한 공동의 기억들이에요.

인물들에 대한 작가의 이와 같은 태도는 존엄성을 가진 개인들이 모여 변화를 가져온다는, 그러니까 공동체에 대한 믿음이라고도 할 수 있어요. 그래서 앞에서도 언급했듯이 캘리포니아에 대한 조드 일가의 기대와 희망도 초기 퓨리턴들이 신대륙에 대해 품었던 유토피아적인 상상력과 이어져 있어요. 이 소설에서 작가는 조드 일가를 통해 이 상상력이 배반당하는 현실을 증언하는 것이지요.

다시 막간입니다. 여기서는 이주민들이 중간중간 멈추어 그들 나름의 질서와 규범을 통해 하나의 공동체를 형성하는 모습을 보여줍니다. 그래요. 작가는 이 피난민들의 행렬이 하나의 큰 가족이라고 확실하게 말해요. 그들은 같은 이유로 뿌리 뽑혔고 같은 이유로 서쪽으로 달리고 있어요. 다같이 하나의 꿈을 찾아가고 있어요.

■ ■ ■ 그들의 자동차들은 거대한 대륙 횡단 고속도로 위, 서부로 가는 이주의 길로 들어섰다. 낮 동안 그들은 서쪽을 향해 벌레들처럼 움직였다. 어둠이 내리면 벌레들처럼 떼를 지어 물이 있는 곳으로 모여들었다. 그들은 외롭고 당황했으므로, 슬픔과 근심과 패배의 장소에서 왔으므로, 그리고 모두 낯선 곳으로 가고 있으므로, 함께 모여들었다. 함께 이야기를 나누며, 삶과, 음식, 새로운 장소에 대한 희망을 공유했다. 그래서 한 가족이 샘 근처에 천막을 치면, 또 다른 가족이 물과 동료를 찾아 근처에 천막을 쳤다. (…) 그렇게 해서 해가 지면 거의 20여 가족과 20여 대의 차가 모이는 경우도 있었다.

저녁이면 이상한 일이 일어났다. 20여 가족이 하나의 가족이 되고 아이들은 모두의 아이들이 되었다. 집을 잃은 것은 모두의 상실이 되었고 서부에서의 황금시간은 모두의 꿈이 되었다. (…) 아이 하나가 아프면 스무 가족의 가슴에 절망이 퍼졌다. 어느 텐트에서 아기가 태어나면 밤새도록 백여 명의 사람들이 경외감에 차서 침묵하다가, 아침이 되면 탄생의 기쁨을 나눴다. (…) 저녁이면 모닥불 주위로 모여들어 그들은 하나가 되었다. (…) 밤이면 기타를 꺼내 음악을 연주하고 노래를 불렀다. 남자들은 가사를 따라 불렀고 여자들은 콧노래로 멜로디를 흥얼거렸다. (193)

참 서정적이지요? 이렇게 임시 천막촌에서도 이들은 삶의 희로애락을 공유합니다. 생과 사, 기쁨과 슬픔을 함께 나눕니다.

질서와 규율도 만들어요. 프라이버시에 대한 권리, 과거를 가슴속에 묻어둘 권리, 말하고 귀를 기울일 권리, 도움을 거절하거나 받아들일 권리, 배고픈 이들은 먹을 권리, 무엇보다 임신한 이들과 아픈 이들의 권리가 존중돼요. 이곳에도 불협화음은 있어요. 다른 이들이 마른 밀가루빵으로 끼니를 때워야 할 때 돈이 좀 있거나 헤픈 사람들은 통조림 콩과 포장된 빵을 텐트 안에서 몰래 먹기도 해요.

이렇게 작가는 길 위에서의 엉성하고 긴장된 삶이지만 이들이 질서를 지키고 협조하는 모습들을 묘사해요. 이런 경험들은 그들이 캘리포니아에 도착해 불평등한 현실 앞에서 연대할 수 있는 가능성과 저력이 되어 나타날 것입니다.

이 과정에서 작가는 남자들의 삶이 변하는 것을 지나가듯 가볍게 언급해요. 그러나 중요한 지적입니다. 대공황, 엑소더스, 이는 단지 이주민들의 물리적인 이동만을 뜻하는 것이 아닙니다. 이 와중에서 성별, 세대, 계층 등 기존의 위계질서가 흔들리고 사회 · 정치 · 경제적인 대변화가 일어납니다.

남자들은 더 이상 농사짓는 가장들이 아니라 이민자들입니다. 그들의 침묵과 시선, 그들의 생각과 근심은 곡식들과 비와 바람과 먼지에 대한 것이 아니에요. 그들의 눈과 귀는 자동차 타이어와 모터 소리에 집중돼요. 조드 일가의 경우처럼 아들들이 자동차를 운전하고 고장 난 차를 고칩니다. 세대가 교체되고 역할이 달라집니다.

계속하지요. 조드 일가는 대륙을 질주하여 뉴멕시코의 산악 지대를 지나 애리조나에 들어옵니다. 이글거리는 태양 아래 바위투성이 메마른 땅을 밤새도록 달려 콜로라도 강이 흐르는 곳까지 와요. 그리고 삶은 계속됩니다. 할아버지가 돌아가신 뒤 할머니는 의식을 잃은 듯 잠에서 깨어나지 않아요. 로저샨의 아기는 곧 태어날 거예요. 그리고 조드 일가의 돈은 줄어들어요. 이제 사막을 지나면 캘리포니아입니다.

그들은 강가에 차를 세워요. 열댓 가구가 먼저 와서 천막을 치고 있군요. 조드 일가의 남자들은 시원한 강물에 몸을 담그고 뻣뻣해진 팔다리를 풀어요. 모래로 몸을 문지르고 물 위에 누워 하늘을 봅니다. 강물은 조용히 흐르고 갈대들은 넘실거려요. 아직 오염되지 않은 자연의 신성함을 느끼게 합니다.

여기서 많은 일들이 일어나요. 천천히 살펴보지요. 조드 일가는 다시 한번 캘리포니아의 현실에 관해 들어요. 앞에서도 우리는 실성한 듯한 남자를 통해 그곳이 전단지의 내용과 다르다는 것을 들었어요. 이번에는 보다 구체적으로 그 현실이 강조돼요. 서부에 갔다가 일자리를 찾을 수 없어 고향으로 돌아가는 어느 아버지와 아들을 통해서입니다. 서부에는 이제 일자리는 없군요. 이미 수천 명이 몰려왔는데 그날 벌어 그날 먹어야 해요. 무엇보나 캘리포니아 사람들은 피난민들을 오키들(오클라호마 지역 등에서 일자리를 찾아온 이주민들을 경멸하여 부르는 말)이라고 부르며 경멸하고 배척하고 증오해요. 그 남자의 말을 들어보세요. 길게 인용합니다.

■ ■ ■ "(…) 캘리포니아는 좋은 곳이오. (…) 사막을 가로질러 베이커스필드 근처로 들어가면 그렇게 예쁜 도시를 본 적이 없을 거요. 모두 과수원이고 포도나무예요. 그리고 물이 흐르는 평원에 도달하는데, 그 땅은 전부 놀고 있어요. 그러나 당신은 그 땅을 소유할 수 없어요. 그 땅은 랜드 앤 캐틀 회사 소유니까. (…) 당신이 그 땅에 들어가 조금이라도 곡식을 심으면 감옥에 가요."

(…)

"그리고 그 사람들의 얼굴을 보면 그들이 당신들을 얼마나 싫어하는지 알 수 있어요. 그들이 겁이 나기 때문이오. 그들은 배고픈 자들은 훔쳐서라도 먹어야 하는 것을 알아요. 그들도 땅을 놀리는 것은 죄악이고 누군가는 그 땅을 취할 것임을 알아요. 제기랄. 아직 '오키'라는 말 들어본 적 없죠?"

톰이 말했다.

"오키? 그게 뭔가요?"

"그건 오클라호마에서 온 더러운 인간들, 떠돌이라는 뜻이죠."

(…)

"일자리를 구해서 저축을 하면 적은 땅이라도 갖게 되지 않을까요?" (…)

"정규직을 구할 수 없어요. 매일 저녁 끼니를 위해 이 일 저 일 해야 해요. 목화를 따면, 저울이 정확하지 않다는 걸 알게 돼요. (…)"

"그래도 거기는 좋은 곳이 아닌가요?"

"물론 보기에는 좋지요. 그러나 당신은 아무것도 가질 수 없어요. 노란 오렌지 숲이 있지만 건드리기만 해도 총을 가진 보초가 쏠 거예요. 백만 에이커의 땅을 가진 언론인이 있는데…"

"백만 에이커요? 아니, 그걸로 뭘 하게요?"

"모르지요. 소 몇 마리가 어슬렁거리고 보초가 도처에서 망을 봐요. 방탄차를 타고 순찰도 돌아요. 그는 백만 에이커를 소유하고 있지만 죽을까 봐 겁이 나는 거죠." (…)

"부자라는 걸 느끼기 위해 백만 에이커의 땅이 필요하다면 그는 속이 엄청 가난한 거지요. 그렇게 가난하다면, 백만 에이커의 땅을 소유한들 부자로 못 느낄 거요." (205-207)

이들의 대화를 통해 우리는 캘리포니아를 다시 확인합니다. 그곳에 일자리는 없고 차별과 냉대를 겪어야 하고 땅 소유주들의 횡포와 마주합니다. 땅 주인들은 허기라는 괴물에 사로잡혀 있어요. 묻지 않을 수 없어요. 그들의 허기는 어디서 오는 걸까요? 이윤을 먹고 사는 자본주의의 본성인가요? 아귀 귀신이 생각나네요. 몸뚱이는 태산만 한데 목구멍은 바늘구멍만 해서 아무리 먹어도 굶주림과 갈증에 몸부림친다지요. 채워지지 않는 탐욕에 시달린다지요. 아이고, 그 딱한 모습을 눈앞에 그려보세요.

조드 일가는 이렇게 캘리포니아를 눈앞에 두고 독한 예방주사를 맞는 것 같군요. 우리는 곧 소수 자본가들의 탐욕과 허기가 어떻게 난민들을 벼랑으로 내모는지 알게 될 것입니다.

남자들은 이 불안한 소식을 어머니에게 전하지 않아요. 큰아버지 말대로 그들은 계속 갈 것입니다. "말해봐야 소용없어. 다시 돌아갈 수도 없고. 가던 길을 가는 거야." 이곳에서 이탈하는 식구도 생기는군요. 맏아들 노아는 콜로라도 강가로 사라져요. 어머니를 생각하라는 톰의 만류도 듣지 않아요.

이런 우여곡절을 겪으면서도 한쪽에서는 어머니와 큰딸이 헛소리를 하는 할머니를 부채질해가며 그 옆을 지켜요. 만삭으로 제대로 먹지도 못하고 기진맥진한 딸에게 어머니가 말해줍니다. 들어보세요.

■ ■ ■ "넌 이제 아기를 낳을 거야. 그건 (…) 고통스럽고 외로운 일이지. (…) 변화의 시간이 올 거야. (…) 죽는 것은 모든 죽음의 일부야. 출산은 모든 출산의 일부야. 그리고 출산과 죽음은 같은 일의 양면이야. 그렇게 되면 더 이상 외로운 일은 없어. 고통도 그리 심하지 않게 돼. 혼자 외롭게 고통받는 게 아니기 때문이야." (209–210)

어머니의 이 말에는 삶과 죽음에 대한 깊은 통찰이 들어 있어요. 태어나고 죽는 것이 서로 연결되어 있다는 것, 개인의 고통과 외로움은 모든 생명의 고통과 외로움의 일부라는 것, 그러므로 두려운 것이 아니라는 것. 참으로 어려운 말이에요.

어머니의 말에 딸은 눈물을 흘립니다. 딸은 어머니의 말을 이해하지 못했을 수도 있어요. 그러나 어머니의 의연한 모습을 통해 삶에 대한 경이로움을 느끼는지도 몰라요. 중요한 것은 어머니와 딸의 이런 대화들이 이어져서, 소설의 끝에 우리가 만나는 딸의 모습으로 연결된다는 것이지요.

다시 작은 전환점이 오는군요. 삶은 길게 보면 전환점의 연속입니다. 그런데 왜 우리는 삶이 반복이라고 느끼는 것일까요? 조드 가족은 윌슨 부부와 작별하게 됩니다. 원래부터 아팠던 윌슨 부인이 위독해져서 더 이상 동행할 수 없게 돼요. 이때 두 집안 사람들의 태도를 보세요.

아버지는 만류하지만 윌슨 씨는 더 이상 짐이 될 수 없다며, 조드 일가에게 먼저 떠나라고 합니다. 보세요. 윌슨 부인은 극심한 통증으로 혼자 텐트 안에 누워 있어요. 자신의 시간을 알고 있는 그녀는 케이시에게 기도를 부탁해요. 텐트 안으로 들어온 케이시와 샐리의 대화를 들어보세요.

■ ■ ■ "난 목사가 아니에요." 그는 부드럽게 말했다. "내 기도는 소용없이요."

그녀는 입술을 축였다.

"할아버지가 돌아가셨을 때 기도하셨잖아요."

"그건 목사의 기도가 아니었소."

"좋은 기도였어요. 날 위해서도 해주세요."

"내가 뭐라고 해야 할지 모르겠군요."

"그럼 말을 사용하지 말아요. 그래도 좋아요."

"나에게는 신이 없어요."

"당신은 신을 가지고 있어요. 그가 어떻게 보이는지 모른다 해도 상관없어요."

목사는 고개를 숙였다. 그녀는 두려운 듯 그를 주시했다. 그리고 그가 고개를 다시 들자 그녀는 안심한 듯 했다.

"좋아요. 그게 내가 필요한 거였어요. 누군가 가까운 사람이 기도해 주는 거." (218)

그런 뒤 샐리는 케이시에게 꿈꾸듯 말하기 시작해요. 여기서 우리는 뜻밖에도 화양연화와 같은 그녀 삶의 한순간과 만나요. 피난길의 텐트 안에서 임종을 앞두고 말이에요. 삶은 알 수 없네요. 목소리가 좋았던 그녀는 어린 시절 교회에서 노래를 불렀어요. 그때 정말 행복했어요. 극장에서 노래 부르기를 원했지만 그러지는 못했어요. 그녀는 말해요. 노래하는 것과 기도하는 것은 같다고요.

■ ■ ■ "어렸을 때 난 노래를 자주 불렀어요. (…) 내가 노래하면 사람들이 와서 귀를 기울였어요. 사람들이 서 있고 내가 노래를 하면, 아, 나와 그들은 정말 하나가 된 것 같았어요. 나는 감사했어요. 내 앞에 사람들이 서 있고 나는 노래를 하고… 정말 충만하게 가깝게 느낄 수 있었어요. (…) 아무것도 나와 사람들 사이에 끼어들지 않았어요. 그래서 난 당신이 기도해주기를 원했던 거예요. 다시 한번 그때의 그 가까움을 느끼고 싶었어요. (…) 노래하는 것과 기도하는 것은 똑같아요." (219)

샐리는 피난길 텐트 안에 누워 죽음을 기다리고 있어요. 그런데 그녀 삶의 영롱했던 순간들과 만나고 있어요. 그녀의 말들이 노래하는 어린 소녀를 홀연히 불러내요. 노래에 귀 기울이는 사람들의 표정도 되살려요. 이 장면은 아름다워요. 통증을 참아가며 조용하고 부드럽게 조드 일가의 어려움을 도왔던 윌슨 부인이 그녀만의 목소리와 말을 되찾아요. 임종 예배를 드리는 듯합니다.

이렇게 두 집안은 헤어집니다. 아버지와 어머니는 끝까지 사양하는 윌슨 씨에게 약간의 돈과 돼지고기와 감자를 남겨요. 작가는 여기서도 이들이 헤어지는 과정을 생략하거나 두어 줄로 대충 처리하지 않아요. 인물들에 대한 세심한 배려와 따뜻함을 잃지 않아요. 그래서 윌슨 부인처럼 스쳐가는 인물도 꿈과 품위를 가진 인격체로 환하게 되살아납니다.

언제 우리의 삶이 다 준비된 상태에서 진행될까요? 시간도 충분하고 여건도 갖추어져서 다른 사람을, 그리고 우리 자신을 제대로 존중하고 배려할까요? 잠깐 만나고 헤어지는 이들에 대한 상세한 묘사를 읽어가며 이런 생각을 하게 됩니다.

다시 계속하지요. 그런데 케이시에 대해 이런 의문이 들어요. 윌슨 부인은 케이시에게 왜 속마음을 이야기했을까요? 케이시의 어떤 요소가 그렇게 만들었을까요? 그래요. 케이시에게는 사람들이 속마음을 드러내게 만드는 어떤 요소가 있는 것 같아요. 큰아버지의 경우에도 그래요. 그도 케이시에게 감추고 있었던 자기 이야기를 하면서 조언을 구합니다.

큰아버지는 젊은 아내가 자기의 부주의로 죽었다고 생각해서 그 죄책감으로 술을 마시고 은둔 생활을 해왔어요. 그는 피난길 내내 과묵했지만 맡은 일을 해냈고 할 말을 하기도 했지요. 그가 사막의 어둠 속을 달리는 트럭에서 케이시에게 말해요. 자신의 죄의식을 털어놔요.

■ ■ ■ "저… 난 결혼했었소. 좋은 여자였어요. 어느 날 밤 그녀에게 복통이 왔고, 그녀가 말했어요. '의사를 데려와요.' 난 말했소. '뭘, 당신 너무 많이 먹은 거야.'"

큰아버지는 케이시의 무릎에 손을 얹고 어둠 속에서 그를 응시했다.

"그녀가 나를 한참 쳐다봤어요. 그리고 밤새도록 신음하다가 다음 날 오후에 죽었어요. (…) 내가 그녀를 죽였어요. 그 이후 나는 어린 아이들에게 보상하려고 애썼어요. 착하게 살려고도 노력했어요. 그러나 소용없었어요. 술 취해서 엉망이 됐어요." (224)

케이시가 대답해요. 이번에도 그의 말은 상투적인 위로와는 달라요.

■ ■ ■ "누구든지 자신만의 죄를 가지고 있어요. (…) 자기 확신에 차 있는 사람들은 자기들에게 죄가 없다고 생각하지만 말이오. 내가 신이라면 그런 인간들을 천국에서 내쫓을 것이오. (…) 내가 확실하게 말할 수 있는 것은 아무도 다른 사람의 삶에 간섭할 권리가 없다는 것이오. 각자 알아서 자기 삶을 사는 거니까. 난 누구를 도울 수 있을지는 모르지만, 무엇을 하라고 말할 수는 없어요."

"그럼, 당신은 몰라요?"

"몰라요." (224)

그렇군요. 케이시는 자기 의견을 내세우는 대신 이렇게 상대에게 생각할 여지를 주는군요. 그는 기존의 도덕관으로 선과 악을 판단하지도 않고 다른 사람을 간섭하지도 않아요. 무엇보다 자기 확신이 오만과 폭력이 될 수 있다고 그는 생각해요. 이 대화에서 큰아버지는 케이시의 대답에 실망한 듯하지만 홀가분해 보이기도 합니다. 죄의식에서 벗어나는 것은 스스로 해야 하는 일이니까요.

이런 방식으로 작가는 캘리포니아에 가까워질수록 케이시를 전면에 부각시키는군요. 그의 앞으로의 역할을 준비하는 것이지요.

The Grapes of Wrath

제6강

이 강의에서 드디어 우리는 조드 일가와 함께 캘리포니아에 도착해요. 그러나 그곳은 약속의 땅이 아닌 것을 후버빌을 통해서 확인하게 됩니다. 좀더 자세히 보세요. 조드 일가는 다시 급히 떠나요. 경찰이 와서 오키들은 이곳에 머물 수 없다고 위협합니다. 낡은 트럭 위에 식구들은 끼어 앉아 평원과 산악지대를 달려요. 할머니는 의식을 잃은 채 계속 헛소리를 하고 기진맥진한 어머니가 그 옆에서 지키고 있어요.

그들은 사막을 통과해요. 마지막 혹독한 시련입니다. 캘리포니아의 비옥한 대평원에 도착하기 위해 이곳을 거쳐야 해요. 하루종일 그들은 사막을 질주합니다. 운전석에 앉은 앨은 무섭게 집중해요. 현기증 나는 속도감, 지형과 온도의 변화가 피부에 닿을 듯 생생하게 묘사돼요. 사막에 해가 떠 있을 때는 지글거려 숨이 막히고 해가 지면 땅에서 올라오는 열기에 천지가 자욱해집니다. 벨벳 같은 사막의 하늘에는 별들이 날카롭게 빛나요. 어디에도 생명의 싹은 자라지 않을 듯해요. 그러나 아닙니다. 그 반대예요.

사막의 생명력에 대해 스타인벡은 『찰리와 함께한 여행』에서 생생하게 묘사하고 있어요. 낮 동안의 사막에는 생명의 흔적이라고는 없어요. 천지가 불타요. 물 한 방울 없어요. 그 엄혹한 환경에서 누가 살아남나요? 그러나 어떻게 해서든지 생명체는 자기보존 방법을 찾아내요. 모래 속으로, 구멍 속으로 숨어요. 에너지를 아끼려고 꿈쩍도 하지 않아요. 죽은 듯이 보이는 것이 살아남는 방법이에요. 사방은 그대로 새하얀 죽음의 공간입니다.

그러나 밤이 되면 말이지요, 전혀 다른 세상이 돼요. 여기저기서 살아 있는 외침, 울부짖음, 몸부림이 되살아나요. 무엇보다 이 지구상에 존재를 드러냈던 생명체는 사라지더라도, 한번 살았던, 존재했던 흔적은 계속 남아요. 그 최초의 특징과 의무와 관심, 지향했던 방향, 목적지 등을 다른 생명체와 공유하면서 말이지요. 작가는 이렇게 단언해요. "사막의 생명체가 태양을 변화시킬 수도 없고 사막에 물을 줄 수도 없다. 그래서 생명은 자기 스스로를 변화시킨다." 어떠세요? 조드 일가의 생존력,

생명력을 생각하게 됩니다. 앞으로 캘리포니아에서 그들을 기다리고 있을 현실, 그러나 그들은 존엄성을 잃지 않으면서 그 시련을 거쳐 갈 것이라는 예감이 듭니다.

캘리포니아로 들어가는 마지막 질주, 어느 지점에서 경찰들이 트럭을 세워요. 불빛을 휘두르며 나타나 트럭을 조사하려 해요. 미국의 주법에 의하면 이곳에는 채소와 과일 등을 가지고 들어갈 수 없어요. 어머니가 거칠게 저항합니다. 할머니가 위독해요. 한시바삐 의사에게 가야 해요. 우리는 어머니가 왜 그렇게 완강했는지 곧 알게 될 것입니다. 이렇게 그들은 위기를 모면하고 끝없는 사막을 가로질러 캘리포니아에 도착해요.

여기서 잠시 숨을 길게 내쉽니다. 지금까지 조드 일가가 거쳐온 고난의 시간들을 돌아봅니다. 그리고 이들이 끝까지 지키려고 했던 것이 무엇인지 되살려봅니다. 가족, 혈연을 넘어서는 공동체, 사람 사이의 예의, 존엄성. 그래요, 위기 속에서 이들을 지켜온 것은 이런 덕목들입니다. 의외지요? 정착된 삶의 가치들이 여전히 위기 속에서도 이들을 지켜주었으니까요.

이렇게 이들은 캘리포니아에 도착했어요. 꿈에 그리던 땅에 도착한 새벽, 풍요한 푸른 평원 앞에 선 조드 일가의 벅찬 반응을 보세요.

■ ■ ■ 태양이 그들 뒤에서 떠올랐다. 돌연 아래쪽으로 거대한 계곡이 보였

다. 앨은 브레이크를 밟으며 길 가운데 멈추었다.

"세상에 맙소사, 보세요."

그는 말했다. 포도밭들, 과수원들, 넓게 펼쳐진 녹색의 아름다운 계곡들, 줄지어 서 있는 나무들, 농가들이 보였다.

아버지가 말했다.

"오 전능하신 하나님"

멀리 보이는 도시들, 과수원 주변의 작은 마을들, 계곡을 황금으로 물들이는 아침 햇살.

(…)

아버지는 한숨을 쉬었다.

"난 이런 풍경을 본 적이 없다."

(…)

루티가 속삭였다.

"여기가 캘리포니아야." (227)

그래요. 첫 새벽의 찬란한 햇살 아래 펼쳐진 풍경 앞에서 가족들은 숨도 못 쉬고 말을 잃어요. 천국이 펼쳐져 있는 듯해요. 성경 이야기가 생각납니다. 이스라엘 백성은 광야에서 헤매다가 가나안 땅에 도착해요. 그러나 그곳은 기대하던 젖과 꿀이 흐르는 땅이 아니었어요. 그들은 가나안 주민들에게 배척을 당하고 거친 황무지 땅을 개간해야 했습니다.

우리는 알고 있어요. 오렌지와 포도밭이 찬란하게 아침 햇살 속에 펼쳐지는 이 땅에 도착하기 위해 가족들이 어떤 고난을 거쳐왔는지. 그리고 기억합니다. 트랙터에 밀려난 땅과 집들, 헐값에 팔려나간 살림살이들, 오래 쓴 농기구들, 가족을 떠나 버린 맏아들과 길에서 돌아가신 할아버지….

이렇게 가족들이 눈앞의 신천지에 할 말을 잃고 있을 때 어머니를 보세요. 우리는 어머니가 트럭을 조사하려는 경찰들을 왜 그렇게 필사적으로 막았는지 이제 알게 돼요. 기진맥진해서 트럭에서 내린 어머니는 지친 눈을 들어 계곡을 내려다보며 말합니다. "할머니가 돌아가셨어."

사막을 달려오는 동안 트럭 위에서 할머니는 돌아가셨고 어머니는 가족들에게 알리지 않은 채 할머니 옆을 지켰어요. 어머니는 가족들이 서부에 도착하지 못할까 봐 노심초사하며 질주하는 트럭에서 간절하게 기도했어요. 여기서 멈출 수 없어요. 아기가 태어날 수도 있어요.

자, 이렇게 해서 가족들은 주 사무실에 가서 할머니의 시신을 검사받고 사망증명서에 서명을 하고 묘지에 묻어요. 없는 돈이지만 페인트칠을 한 팻말을 사서 앞에 세워요. 그렇습니다. 할아버지 할머니 두 분은 고향 집에서 돌아가신 것과 같아요. 그들은 뿌리 뽑힌 삶을 거부했으니까요. 눈앞에 펼쳐지는 캘리포니아의 푸른 계곡 위로, 조드 일가가 길 위에서 전해 들은, 앞으로 이들이 대응해야 할 현실이 불안하게 어른거립니다.

막간입니다. 작가는 여기서 캘리포니아의 현실과 이를 초래한 원인에 대해 말해요. 농민들이 소농에서 소작농으로 전락하고 기업농과 자본가들에게 착취당하는 과정들이 밝혀집니다. 눈앞에 펼쳐지는 천국과 같은 광경 이면에 드리운 탐욕과 착취, 절망과 비탄이 드러나요.

스타인벡은 미국 영토 확장을 초기 개척자들의 탐욕과 연결시켜요. 우리도 알지요? 캘리포니아는 멕시코 땅이었어요. 그러나 땅에 허기진 개척자들은 총으로 빼앗은 그 땅에 집과 헛간을 짓고 곡식을 심었어요. 그들의 소유권이 시작됩니다.

그런데 자손들을 낳고 키우면서 개척자들의 욕심은 돈으로 옮겨져요. 땅에 대한 애착과 농작물에 대한 고마움도 없어지고 땅과 농작물은 오직 돈으로만, 상품으로만 가치가 있게 돼요. 그들은 농부가 아니고 장사꾼이 됩니다. 땅 소유자들은 더 이상 농장에 오지 않고 서류로만 농사를 지어요.

농사는 산업이 됩니다. 농사를 짓기 위해, 중국에서 멕시코에서 필리핀에서 일본에서 현대판 노예들을 데려와요. 소농들은 흉년이 들면 땅을 은행에 저당 잡히고 어느 날 은행에서 보낸 트랙터는 땅과 그들의 집을 철거해요. 이 소설을 시작하면서 조드 일가의 경우를 통해서 보았던 것이지요. 캔자스, 오클라호마, 텍사스, 뉴멕시코, 네바다, 아칸소에서 수백 명 수천 명의 농업 난민들이 서부로 왔어요. 이렇게 작가는 땅 소유자가 장사꾼, 기업인이 되는 것을 보여주고 그 과정에서 땅과 인간이 철저하게 소외되는 것을 자세하게 설명해요.

이런 내용은 작가가 막간을 이용해서 계속 강조해왔어요. 왜 그는 이렇게 그 과정을 반복하는 것일까요? 그렇지요. 캘리포니아는 조드 일가가 기대했던 꿈의 나라가 아닌 것을 강조하는 것이지요. 이들이 싸워나가야 할 현실이 어떤 것인지를 지적하는 것이지요. 이런 방식으로 그는 자본주의의 모순과 아메리칸 드림의 허상을 보여주고 있습니다.

캘리포니아에서 그들을 기다리고 있는 것은 냉대와 경멸뿐입니다. 사람들은 가난하고 냄새 나는 그들을 오키들이라고 혐오해요. 다시 스타인벡의 여행기 『미국을 찾아서』의 한 장면이 떠오릅니다. 짐 크로 법(Jim Crow Laws) 아시지요? 남북전쟁 이후 노예제도는 폐지되었지만 여전히 남부에는 이 법에 의해 흑백분리 정책이 엄격했어요. 1960년대 민권운동이 일어나기 전까지 공공 건물, 학교, 식당, 화장실까지 분리됩니다. 스타인벡이 뉴올리언스에서 목격한 것을 보세요. 그런 상황에서 처음으로 흑인 소녀가 백인 학교에 등교합니다. 학교 앞길에 수백 명의 백인 남녀노소들이 모여 소녀에게 야유와 욕설과 협박을 퍼부어요. 치어리더라고 불리는 백인 중년 여성이 선창을 하고 미친 듯한 군중이 뒤를 이어요. 스타인벡은 이런 모습에 깊은 절망을 느껴요.

그래요. 조드 일가가 캘리포니아에서 당하는 냉대와 차별은 가난한 사람, 피부색이 다른 사람들에 대한 미국 사회의 뿌리 깊은 차별의식의 연장인 것이지요.

자, 이렇게 해서 난민들은 곳곳에 거대한 천막촌, 후버빌을 만들어요. 그들은 일자리와 먹을 것을 원해요. 그러나 과수원 나무에 오렌지들이 가득 달려 있어도 가격이 폭락하면 쓰레기 더미로 버려져요. 그들은 넓고 비옥한 땅이 놀고 있는 것은 죄라고 생각해요. 영양실조에 걸린 아이들을 위해 잡목 사이 작은 땅에 당근을 심지만 총 든 보초들이 가차 없이 짓밟아요.

작가는 여기서 중요한 질문을 해요. 그런데 자본가들은 이런 현실을 모를까요? 그들은 알고 있어요. "소수에게 집중된 재산은 빼앗기게 마련이고, 춥고 배고픈 무리들은 힘으로 필요한 것들을 취하며, 억압받는 자들은 강하게 결속한다"는 것을. 문제는 그럼에도 불구하고 자본가들은 눈앞의 현실을 외면해요. 배고픈 자들을 억압하고 총으로 땅을 지키고 스파이를 보내 분열시켜요.

지금까지 이 소설의 3분이 2가 캘리포니아에 도착하는 과정까지를 다루었어요. 마지막 3분의 1에서는 이곳에서 일자리를 얻기 위해 고군분투하는 모습, 이들이 연대하여 투쟁하게 되는 사정을 보여줍니다.

이때부터 케이시와 그의 영향을 받은 톰이 전면에 등장해요. 문득 생각나네요. 런던 필하모닉 오케스트라 한국 여성 부수석 바이올리니스트가 이렇게 말했어요. "연주가 계속되는 동안 내 연주에 최선을 다할 뿐만 아니라 앞과 뒤, 오른쪽과 왼쪽의 연주자들에게도 온 신경을 씁니다. 다 함께 잘해야 잘하는 것이 되기 때문입니다." 그래요. 앞으로 우리는 조드 일가를 통해 왜 실향민들이 서로 연대하게 되는지를 알게 될 것입니다.

이제 조드 일가가 천신만고 끝에 도착한 후버빌의 상황을 살펴보지요. 그 당시 미 전역에 생겨난 후버빌의 환경은 열악했고 곳곳에서 경찰과의 충돌도 일어났어요. 가령 당시 워싱턴 DC 근처에 세워진 후버빌에서는 1차 대전 참전용사들이 정부가 약속했던 보너스를 주지 않자 문제가 생겨요.

후버 정부의 군대가 그들의 천막촌에 불을 지르고 무력으로 이들을 내몰기도 했어요. 이곳 후버빌의 상황도 심상치 않아요. 보세요. 전체적으로 40여 채의 회색빛 낡은 천막들, 판잣집들이 어수선하게 모여 있어요. 녹슨 합판, 종잇조각, 헤진 널빤지, 마대 등 닥치는 대로 모아 지었어요. 어쩌다가 천막을 들추고 나오는 얼굴들은 기진맥진하고 핏발이 선 듯해요. 절망과 분노에 찌든 듯해요.

무엇보다 이곳 사람들은 경찰을 증오해요. 늘 끄나풀이 주위에 있어요. 그들은 피난민들을 여기서 쫓아내려고 해요. 한군데 오래 머물면 조직을 갖추고 투표권을 얻고 구호기관의 도움을 받게 될 것을 두려워하는 거죠. 이들은 경찰이 오면 무조건 정신 나간 듯 행동해야 해요. 어떤 사람은 경찰과 충돌하다가 머리를 세게 맞아 백치가 되기도 했어요. 이곳의 전체적인 분위기가 감지되지요?

톰은 먼저 이곳에 와 있던 젊은이에게서 이런 사정을 듣게 돼요. 핵심은 이거예요. 일자리는 정해져 있는데 일자리가 필요한 사람들은 차고 넘쳐요. 임금은 형편없이 줄어요. 아이들은 괴질에 걸려 죽어가고 굶주린 사람들은 훔치고, 술에 취하고 소란을 피워요. 농장주들에게 오클라호마에서 몰려온 오키들은 더럽고 위험해요. 우리는 왜 이런 일이 일어났는지도 압니다. 수천 장의 전단지를 본 사람들은 그림 같은 하얀 집에서 살 꿈을 안고 앞다투어 이곳으로 몰려온 것이지요.

보세요. 사정을 알게 된 톰이 젊은이에게 외칩니다. "아니 천지에 복숭아가 익어갈 때 빨리 따지 않으면 다 썩을 텐데, 노동자들은 임금을 더 올리라고 요구할 수 있잖소?" 젊은이가 답해요. "바로 그래서 리더를 뽑아요. 그러면 어찌되는지 알아요? 당장 그 사람은 감옥행이에요. 누군가가 그의 사진을 찍어 사방으로 보내요. 그는 곧바로 블랙리스트에 올라요." 톰이 격분하여 자기는 겁쟁이 양떼가 될 수 없다고 외치자 젊은이가 말해요. "그런 사람들은 쥐도 새도 모르게 죽어요. 신문에는 작은 기사로 떠돌이 시체가 발견되었다고 나와요."

이렇게 톰은 도착하자마자 이곳의 현실과 대면합니다. 한쪽에서는 아버지와 큰아버지가 마른 나뭇가지들을 주워 와요. 어머니는 제대로 먹지 못한 가족들을 위해 불을 피우고 큰 솥을 얹고 돼지고기로 저녁을 준비해요. 천막촌의 굶주린 아이들이 숨도 안 쉬고 솥을 쳐다보는 모습, 가족들이 먹기에도 충분하지 않은 음식, 어머니가 냄비에 담아주자 아이들이 번개같이 막대기를 주워들고 냄비에 엎드리는 모습들, 이런 장면들이 하나하나 이어져요. 종일 일거리를 찾아다닌 남자들이 허탕을 치고 돌아오는 모습도 보입니다.

다른 한쪽에서는 로저샨과 남편 코니가 주고받는 말이 들립니다. 그는 후회하고 있어요. 고향에 남아 트랙터를 배워 편하게 지내야 했다고 투덜거리더니 만삭의 아내를 두고 혼자 사라져요. 그 고생을 하고 여기까지 왔는데, 기술자가 되겠다는 꿈을 키웠는데, 아버지의 말대로 그는 공상만 하는 무책임한 젊은이였나요? 동시에 그의 행동은 이들이 마주한 후버빌의 참담한 상황을 말해주는 것이기도 해요.

이제부터 톰과 케이시가 나누는 대화를 듣기로 합니다. 후버빌에 도착한 뒤 처음으로 두 사람은 진지하게 이야기를 해요. 달려오는 트럭 위에서 케이시가 톰에게 했던 말을 기억하지요? 서부로만 몰려가는 피난민들을 보면서 무슨 일인가 일어날 것이라고 말했었지요. 이날 두 사람의 대화는 케이시의 이 생각을 다시 확인하고 있어요.

■ ■ ■ "난 항상 사람들의 말을 듣고 있어. 그들의 얘기를 듣다 보면 그들의 기분을 알 수 있게 되지. (…) 그들은 다락방에 갇힌 새처럼 날개를 퍼덕이고 있어. 밖으로 나오려고 먼지 낀 창에 날개를 부딪쳐 다치지. (…) 오는 동안 계속 알고 있었어. 차가 멈출 때마다 난 봤지. 모두 굶주리고 있었어. 견딜 수 없을 정도로 배가 고프면 나에게 기도를 해 달라고 했어.

(…) 그러니까 기도를 이용한 거지. 끈끈이에 달라붙는 파리들처럼 온갖 근심들이 그 기도에 달라붙어. 기도와 함께 근심들이 하늘로 날아가는 거야. 그러나 소용없어.

(…) 전능하신 하나님이 임금을 올려준 것도 아니야. 여기 있는 이들은 사람답게 살면서 아이들도 잘 키우고 싶어해. 늙으면 문에 기대 앉아 지는 해를 바라보고 싶어해. 젊으면 춤추고 노래하고 사랑하고 싶지. 그리고 먹고 마시고 일하고 싶어해. 그거야. 그들은 지칠 때까지 근육을 움직여 일하고 싶어해." (250)

그래요. 피난민들이 많은 것을 바라는 게 아니에요. 그러나 후버빌은 이들의 소박한 꿈이 배반당하는 현장이자 증거예요. 조금씩 더 분명해지는 듯합니다. 왜 케이시는 자신은 목사가 아니라고 했는지. 그는 기도와 하나님이 굶주린 사람들에게 빵을 줄 수 없다는 것을 절감하고 있어요.

케이시는 떠나겠다고 해요. 일자리를 얻게 되면 당신 가족들이 나에게 베푼 것을 되갚을 수 있을지 모르겠다고 해요. 톰은 담배도 피우고 싶고 다시 감옥으로 가고 싶다고도 하더니 문득 케이시에게 감옥에 간 적이 있냐고 물어요. 이어지는 톰의 말을 들어보세요.

■ ■ ■ "아직은 떠나지 마세요, 아직은." (…)

톰은 반쯤 감은 눈으로 그를 뚫어지게 바라보다가 다시 모자를 썼다.

"케이시, 여기는 목사들이 설교하는 젖과 꿀이 흐르는 땅이 아니에요. (…) 이곳 사람들은 서부로 오는 우리 같은 사람들을 무서워해요. 그래서 경찰을 시켜 우리를 겁줘서 쫓아내려고 해요.

(…)

감옥에 있으면 일이 터질 것을 미리 감지하게 돼요. 사람들이 모여서 이야기를 할 수는 없어요. 기껏해야 두 사람 정도? 그런데 뭔가 감이 오는 거예요. 무슨 일이 터지려고 하면, 예를 들어 누가 대걸레 자루로 간수를 치려고 할 때, 그걸 미리 알게 되는 거예요. 누가 탈출하거나 폭동이 일어나려고 하면, 누구도 그 말을 할 필요가 없어요. 직감으로 알게 돼요."

"그래?"

"내일까지 여기 계세요. 무슨 일이 일어날 거예요." (…)

"그래. 아직은 떠나지 않겠네." (251)

어떠세요? 톰이 변했지요? 그는 더 이상 케이시의 말을 수동적으로 듣고 있지 않아요. 오히려 더 적극적으로 앞으로 일어날 일에 맞설 태세입니다. 작가는 케이시의 영향을 받아 톰이 변하는 것을 이런 식으로 암시합니다.

케이시는 떠나지 않아요. 그날 톰의 예감대로 일이 터집니다. 그 일은 임금 노동자들에게 일어나는 파업과 노사 분쟁의 전형을 보여줍니다. 조드 일가가 계속 마주할 사태를 이해하기 위해 좀더 살펴보지요.

해질 무렵 일자리를 찾지 못한 남자들이 무리 지어 앉아 있어요. 그때 두 남자가 타고 있는 셰브롤레 한 대가 이곳으로 들어와요. 차에서 한 사람이 내려요. 카키색 바지와 플란넬 셔츠, 스텐슨 모자를 쓰고 있어요. 만년필과 연필, 공책, 서류뭉치도 보입니다.

그는 일꾼을 구하러 온 도급자예요. 농장에서 익어가는 과일을 딸 사람들이 많이 필요합니다. "당신들, 일자리 원하지?" 남자들은 미심쩍다는 듯 아무 반응도 없어요. 곧 이유를 알게 됩니다. 톰과 앨, 그리고 먼저 와 있던 남자가 도급자에게 다가가 일당은 얼마 줄 거냐고 물어요. "약 30센트. 조금 더 많을 수도 있고 적을 수도 있고." 남자는 말해요. "가겠소. 그런데 당신이 도급자이니 면허증을 보여주시오. 어디서 언제 얼마를 지불할 건지 적고 서명을 해요. 그러면 우리 모두 갑니다."

기억하지요? 길 위에서 만났던 남자도 같은 말을 했었지요. 반드시 문서에 적고 서명을 받으라고. 그렇지 않으면 속는다고. 여기 후버빌에서 몇 번 속은 적이 있는 이 남자가 같은 것을 요구하는군요.

그래서요? 도급자는 서명도 하지 않고 임금을 확실하게 말하지도 않아요. 상황을 절박하게 만들어 최저임금을 주려는 것이지요. 그의 수법에 말려들지 않자 본색을 드러내요. 셰브롤레에 앉아 있던 권총을 찬 보안관이 내립니다. 보안관은 서명을 요구하는 남자를 빨갱이와 난동자로 몰려고 해요. 보건위원회가 이 천막을 철거하라고 했다면서 남자에게 차에 타라고 해요. 주먹이 오가요. 남자는 보안관을 치고 달아나고 보안관이 뒤쫓으려 하자 톰이 그의 발을 걸어 넘어뜨려요.

사건이 이렇게 터집니다. 총이 발사되고 어디선가 총에 맞은 여자의 손 관절이 날아가요. 보안관이 일어나려 하자 케이시가 그를 기절시켜요. 그리고 번개같이 톰에게 말해요. "빨리 달아나. 넌 가석방 상태야."

무슨 일이 일어나는지 아시겠지요? 천막촌은 대혼란에 빠지고 톰은 숲으로 달아나요. 케이시가 톰 대신 연행됩니다. 우리는 이날 보안관들이 자기에게 할당된 숫자만큼 사람을 잡아넣어야 한다는 것도 알게 됩니다.

이날 밤의 소요를 통해 확인했어요. 몰려드는 피난민들과 이들을 착취하려는 자본가와 거간꾼들, 피난민들의 분노, 이는 앞으로 조드 일가가 마주해야 하는 험난한 투쟁을 예고해요. 이날 밤 천막촌에 불이 날 것이고 난민들을 길 위로 내몰 것입니다.

조드 일가는 돌아온 톰과 함께 급히 후버빌을 떠나요. 이번에는 시설 좋기로 소문난 국영 천막촌을 향해 가요. 가는 길에 횃불을 든 사람들과 마주쳐요. 이곳 주민들이 오키들을 내쫓는 것이지요. 중요한 것은 이들은 좌절하지 않아요. 그럴 수가 없어요. 그들은 어찌 되었든 살아낼 것입니다. 어머니와 톰의 대화를 보세요. 우리 같은 사람들은 언제까지 당하기만 하느냐고 톰이 분노하자 어머니는 아들을 다독이며 차분하게 말해요.

■ ■ ■ "인내심을 가져야 해. (…) 톰. 우리 같은 사람들은 그들이 모두 사라진 뒤에도 계속 살아갈 거야. 살아남을 사람은 바로 우리야. 그들은 우리를 사라지게 할 수 없어. 그럼, 우리는 계속 살아남는다구."

"우리는 언제나 당하기만 하잖아요."

"알아. 어쩌면 그래서 우리가 강해지는 거야. 부자들은 나타났다가 죽어. 그들의 자식들, 별거 없어. 그들은 다 죽어 없어져. 그러나 우리들은 계속 태어나지. 걱정 마. 다른 세상이 오고 있어."

"그걸 어머니가 어떻게 아세요?"

"나도 모르겠네. 어떻게 아는지." (280)

어떠세요? 지금까지 우리는 중요한 순간마다 어머니의 말이 결정적인 역할을 하는 것을 보았어요. 여기서도 어머니는 확신에 찬 어조로 톰에게 말해요. 우리는 박해를 받고 있지만 바로 그 이유로 끝까지 살아남을 것이며, 우리 같은 사람들이 주인이 되는 세상이 반드시 온다고. 소설이 끝나가면서 작가는 핵심 메시지를 이렇게 계속 강조합니다.

어머니의 말을 듣고 난 톰이 마무리하는군요. "우리는 계속 가고 싶은 곳으로 갈 거예요. 기어간다 하더라도." 기억나지요? 감옥에서 나온 톰이 고향집으로 갈 때 갓길에서 만났던 거북이. 뒤집어지고 장애물을 만나고 톰에게 잡혀 그의 주머니에 들어갔다가 다시 나와 계속 자기의 속도로, 한결같이 가던 길을 향해 움직였지요?

어머니는 앞으로의 고난 속에서도 더욱 희망의 끈을 단단히 잡고 조드 일가의 중심을 잡아줄 것이에요. 어머니가 이날 톰에게 했던 말은 자신에게 하는 말이기도 할 것입니다.

The Grapes of Wrath

제7강

다시 막간입니다. 소설이 끝나가는데? 독자들은 의아해져요. 그러나 곧 알게 됩니다. 지금까지 반복되었던, 소작농들이 난민으로 밀려나는 과정이 자본주의라는 맥락에서 다시 강조됩니다. 그리고 캘리포니아 주민들이 오키들을 배척하고 증오하는 이유가 구체적으로 나옵니다. 보세요.

이주 난민들은 대대로 농사를 짓고 살아왔어요. 그들은 농업의 기계화를 멀리했고 산업화된 삶의 어리석음과 위험을 직감했어요. 그 결과 농토를 은행에 빼앗기고 일자리와 먹을 것을 찾아 나선 뿌리 뽑힌 난민들이 됩니다.

캘리포니아 사람들은 더럽고 가난한 오키들이 그들의 재산과 일자리를 위협한다며 증오해요. 대농장주들은 원주민과 피난민 사이의 증오를 이용하고, 노동자들 사이를 갈라놓습니다. 노동자들이 몰려올수록 임금은 낮아지니까요. 그들은 더 많은 전단지를 사방에 뿌려요.

뿐만 아닙니다. 농장주들과 주식회사들은 통조림 공장을 만들어요. 과일이 풍년일 때 싸게 사서 통조림을 만들어 비싸게 팔아 폭리를 취해요. 소농들은 과수원을 잃게 되고 임금 노동자가 돼요. 맛있는 복숭아 통조림 뒤에 이런 아픔이 있는 것, 몰랐어요.

작가는 말해요. 대농장주들, 은행들은 스스로 자기 발등을 찍고 있다는 것을 모르고 있어요. 그들은 굶주림과 분노의 임계점을 몰라요. 그래서 굶주린 이들의 임금을 올리는 대신 총과 가스와 블랙리스트를 만들어요. 굶주린 사람들의 가슴에 분노가 끓어요.

작가의 이 말을 새기면서 소설의 마지막 부분에 긴박하게 전개되는 사건들을 살펴봅시다. 지금부터 조드 일가는 이상적인 공동체의 경험, 파업 현장, 케이시의 죽음, 톰의 도주, 홍수 등 고난의 길을 거쳐 갈 것입니다.

작가는 먼저 이상적인 공동체의 조건에 대해, 무엇보다 일하며 즐거움을 누리는 인간의 본성과 특징에 대해 강조합니다. 침울하던 밤하늘에 찬란한 불꽃놀이가 펼쳐지는 듯합니다.

스타인벡이 이 소설에서 제시하는 민주적 자치 공동체의 특징을 보세요. 조드 일가가 후버빌에서 겪었던 일 기억하지요? 중개업자와 보안관, 일자리를 구하는 남자들 사이에 충돌이 있었고, 케이시가 톰을 대신하여 붙잡혀 갔고, 한밤중에 톰은 다시 가족과 합류했고, 이들은 서둘러 그곳을 떠났어요. 그 뒤 조드 일가가 도착한 곳은 연방정부가 관리하는 공동체예요. 이곳에서 우리는 스타인벡이 제시하는 이상적 사회의 밑그림을 보게 됩니다.

보세요. 무엇보다 여기는 사람들의 자존감이 지켜지는 곳이에요. 좋은 시설과 자치적인 운영방식 등은 모두 개인의 존엄성을 위한 것입니다. 이곳에는 경찰이 없어요. 누군가를 연행하려면 체포영장이 있어야 해요. 리더는 있으나 중요 사항들을 공동체 사람들의 토론과 회의를 통해 결정해요. 그리고 더운물 찬물 나오는 세면대, 남녀구별 수세식 화장실이 있어요. 아이들은 목욕을 하고 아버지와 어머니도 샤워를 하고 깨끗한 옷으로 갈아입어요. 고속도로변에서 풍전노숙을 거쳐 온 조드 일가에게 이런 시설들은 놀랍고도 낯설어요.

작가는 이렇게 인간다운 삶의 최소한의 조건이 무엇인지를 보여주고 있어요. 사는 곳, 먹는 것, 입는 것 등 일상을 이루는 구체적인 조건들을 강조해요. 그런데 자치적으로 각자의 생활을 하고 의견이 다른 사람들과도 공존하는 곳에서 이런 요소들이 왜 중요한가요? 그래요. 개인의 존엄과 직결되기 때문입니다. 이곳에 도착한 뒤 어머니가 하는 말을 들어보세요.

■ ■ ■ 어머니는 접시를 닦아 포개놓았다. 그녀가 말했다.

"우린 조드 집안이야. 우리는 아무도 우러러보지 않아. (…) 빚을 지기 전까지 우린 농부들이었어. 그런데 그자들이 왔어. 그자들이 우리들에게 무슨 짓을 한 거야. 그자들이 올 때마다 우리 모두를 채찍질하는 것 같았어. (…) 그리고 그 경찰은 나를 비굴하게 만들었어. 부끄럽게 했어. 그런데 지금 난 부끄럽지 않아. 여기 있는 사람들은 우리 식구들이야. (…) 그리고 이곳의 관리인이 우리 집을 방문하고 여기 앉아서 커피를 마시며, '조드 부인, 잘되고 있어요, 조드 부인'이라고 말할 때마다 그래. 나는 다시 사람처럼 느껴." (307)

그렇군요. 살기 좋은 곳이란 다른 사람의 간섭과 강압이 없고 열심히 일하고 휴식의 즐거움을 누릴 수 있고, 그래서 사람으로서의 품위를 지킬 수 있는 곳이군요.

이 자치 공동체는 분업도 잘되어 있어요. 부녀회에서는 아이들 돌보기, 헌옷 수선하기, 장난감 만들기, 아픈 사람 간호하기 등의 일을 나누어서 해요. 식사 준비를 하고, 아이들을 씻기고, 불을 피우고, 설거지를 하는 여성들의 일이 자세하게 묘사돼요. 일상적인 일의 중요성이 반복해서 강조되는 것에 주목하세요.

자가는 이곳의 좋은 시설과 자치적인 운영을 보여준 뒤, 먹고 사는 일의 중요성을 다시 강조하고 있어요. 이곳 사람들 모두 절박하게 일자리가 필요해요. 그러면서도 이곳의 특징은 경쟁이 아니라 배려와 연대로 나타나요. 이곳에도 다른 사람들이 즐겁고 행복한 것을 견딜 수 없는 사람들이 있지만 이들은 광신도들로 묘사돼요.

이제부터 톰을 따라가며 구체적인 상황을 알아보지요. 이곳에 도착한 다음날 이른 새벽 혼자 먼저 일어난 톰은 주위를 둘러보며 다녀요. 아기를 안은 젊은 엄마가 베이컨을 굽고, 빵과 비스킷을 만들고, 커피를 끓이는 모습이 눈에 들어와요. 톰에게 이 모습은 꿈결처럼 평화롭게 보여요. 이런 아침을 언제 먹었는지요? 그런데 이들 가족은 처음 보는 톰을 아침식사에 초대해요. 그는 아버지와 젊은 부부와 아기와 함께 아침을 먹어요. 환대를 받아요.

우리는 곧 알게 돼요. 이들 가족에게도 늘 이런 아침이 있었던 것은 아니에요. 그들은 지난 12일 동안 일을 할 수 있었기 때문에 이런 식사를 하게 된 것이지요. 그런데 그들은 초면의 톰을 초대한 것입니다. 무슨 생각이 드나요?

이들 가족의 톰에 대한 배려는 여기서 끝나지 않아요. 식사 후 아버지와 아들은 톰에게 그들의 관리인에게 함께 가서 일자리를 부탁하자고 합니다. 톰은 한 시간 넘게 이들과 걸어가요. 이 가족이 그동안 겪은 고난에 대해서 듣고, 지금 이렇게 먼 곳을 걸어서 가는 이유도 알게 돼요.

일을 구하지 못했던 그들은 굶을 수는 없어 자동차를 10달러에 팔았어요. 지금 그 차는 중고차 시장에서 75달러에 거래되고 있어요. 보셨지요? 도처에서 막다른 골목에 이른 피난민들이 착취당하고 있어요. 사정을 알게 될수록 톰은 그들에게 초대받은 아침식사가 고맙게 느껴집니다.

톰은 또 알게 돼요. 이들 부자가 지금 하고 있는 도랑 파고 파이프 묻는 일도 조만간에 끝나요. "당신들 일이 그만큼 줄어드는데 왜 나를 데리고 가세요?" 톰의 질문에 자기들도 모르겠다고 답하는 그들을 보세요. 우리는 뭐라고 할까요? 그래요. 작가는 지금 같은 처지의 사람들끼리 서로 돕는 모습을 강조하고 있어요.

곧이어 만난 관리인을 통해 이곳 인력시장의 현실을 알게 돼요. 관리인은 웨스트뱅크에서 지시를 받고 지금까지 30센트이던 임금을 오늘부터 25센트로 내려야 해요. 관리인의 토지가 은행에 담보로 잡혀 있기 때문에 그 지침을 따를 수밖에 없어요. 이런 사실을 톰 일행에게 말한 것을 농협이 알게 되면 그는 농사도 지을 수 없게 됩니다.

일행은 이날 더 큰 문제를 알게 돼요. 농협은 이들의 자치 공동체를 못마땅하게 여겨 해산시키려 합니다. 자치 구역에서 토요일 밤마다 열리는 댄스파티에 스파이를 잠입시켜 난동을 부리게 하고 이를 빌미로 공동체를 와해시킬 계획입니다.

어디서 들은 이야기지요? 기관들은 사람들의 의식이 민주적으로 변하는 것을 두려워해요. 공동체를 자치적으로 운영하다 보면 사람들은 스스로 생각하고 행동하는 것을 배우게 됩니다. 그래요. 시스템의 하수인들, 경찰들은 민중의 의식의 각성을 원하지 않아요.

관리인은 신문 기사를 보여줍니다. 어젯밤 톰 가족이 떠나온 후버빌에 불이 났군요. 경찰은 난동을 주동한 빨갱이 색출에 나섰어요. 이 와중에 스타인벡의 유머를 보세요. 어느 농부가 물었어요. "도대체 빨갱이가 뭐요?" "임금이 25센트인데 30센트를 원하면, 그게 빨갱이다." 농부들은 일제히 말해요. "아, 그럼 우리 모두 빨갱이요!"

이날 톰과 두 부자는 일당 25센트를 받고 일을 해요. 힘차게 삽으로 흙을 파고 하수도 파이프를 묻는 장면이 길고 자세하게 묘사돼요. 이렇게 남자들이 온몸을 움직여 일하는 장면은 이 소설에서 처음이군요. 보세요.

톰의 건강한 근육들이 힘차게 움직여요. 그가 온 힘을 다해 삽을 휘두르면 흙이 공중으로 치솟았다가 땅으로 떨어져요. 그 모습들이 아름다워요. 절로 탄성이 나와요. 일하는 즐거움, 그래요, 노동이 인간을 인간이게 만들어요. 힘껏 일하고 정당한 대우를 받는 것, 이것이 인간의 존엄성과 직결됨을 절감하게 됩니다.

세 남자가 일하는 모습을 보고 있으면, 갇혀 있던 새들이 맹렬하게 날아갈 때의 환희가 느껴지는 듯해요. 작가는 이런 장면들을 통해서 일하는 존재로서의 인간에 대해, 그리고 이들에게서 이런 기쁨을 빼앗은 것이 누구인지 계속 묻고 있어요. 그런데 보세요. 인간은 또한 즐거움을 추구하는 존재이기도 합니다. 이야기와 놀이와 춤과 음악을 즐겨요. 이 장면들이 길게 이어져요.

■ ■ ■ 이주하는 사람들, 미친 듯이 허둥거리며 일거리를 찾고 살기 위해 싸우는 사람들, 그들은 늘 기쁨을 찾고 만들어냈다. 그들은 즐거움에 허기졌다. (…) 길가의 캠프에서, 개울가 둔덕에서, 시카모어 나무 아래에서, 이야기꾼들이 탄생했다. 사람들은 재담가들의 이야기를 듣기 위해 모닥불 아래 모여들었다. 이야기가 계속되는 동안 귀를 기울였고 자신들의 이야기를 덧붙이기도 하면서 이야기들을 더 멋들어지게 만들었다. (325)

뿐만 아닙니다. 어떤 이들은 노래를 하고 하모니카와 기타, 바이올린을 연주하고 발로 박자를 맞추기도 합니다. 하늘에는 별들이 춤추는 듯하고 나무에서는 수액들이 일제히 오르내리고 달이 높이 떠오릅니다. 이렇게 모닥불 주위에 둘러앉아 사람들은 굶주림과 불안을 잠시 잊어요. 그렇군요. 우리 마당극이 생각나네요. 흥겨운 추임새를 중간중간 넣어가면서 이야기를 만들고 새로 줄거리를 덧붙이기도 하면서 민초들의 애환을 풀어내지요.

눈앞에 환하게 펼쳐지는 이런 광경, 아름답네요. 그리고 인간에 대해 다시 생각하게 됩니다. 빵이 반드시 필요하지만 빵만으로는 살 수 없는 존재. 좀더 계속할까요? 스타인벡은 술이 주는 즐거움에 대해서도 취한 듯한 어조로 말해요. 찬미해요.

■ ■ ■ 돈이 좀 생기면 술을 마시고 취하기도 해. 긴장감이 사라지고 따뜻함이 퍼지지. 더 이상 외로움도 없어지고. 머릿속에 친구들이 들어오기 시작하거든. (…) 적들을 발견하고 무찌를 수도 있지. 도랑에 앉아 있으면 발아래 땅이 따뜻해지지. 실패한 일들은 무덤덤해지고 미래는 두렵지 않아. 배고픔도 얼씬거리지 않아. 세상은 부드럽고 수월해지고 누구든지 자기가 원하는 곳에 도달할 수 있어. 별들은 참으로 아름답고 가깝게 보이지. (…) 죽음은 친구이고 잠은 죽음의 형제야. 따뜻하고 사랑스러운 옛날들이 돌아오지. (…) 슬픔과 쾌락은 서로 붙어 있어. 실제로 같은 거야. (…) 별들은 가깝고 소중하고 나는 세상의 형제애에 합류했어. 그리고 모든 것이 다 신성해. 모든 것이. 나조차도." (327)

어떠세요? 술 서너 잔에 인생이 돌연 이렇게 찬란하고 평화로워지다니요. 죽음에 대한 불안도 외로움도 사라지고 천지만물도 나도 신성해지다니요. 멋집니다. 스타인벡은 당연히 애주가였어요. 그런데 그는 이 좋은 술을 혼자서는 마시지 않았어요. 반려견 찰리와 함께 전국을 여행할 때도 그는 야영지에서 처음 만난 이들과 좋은 보드카를 나누며 즐깁니다. 모범적인 음주 습관이군요.

이런 인상적인 장면도 있어요. 어느 저녁 그는 숲에 캠핑카를 세운 뒤 근처에서 야영하던 나이 든 배우와 보드카를 함께 마셔요. 그 배우는 혼자 개 한 마리를 데리고 작은 도시들을 다니면서 『햄릿』 등에 나오는 대사들을 외우고 연기도 하고 간단한 쇼도 보여준다고 말해요. 그의 이야기가 흥미있어지자 스타인벡은 한 잔을 더 권해요. 그러나 그는 일어서며 말해요. "내가 배우로서 배운 중요한 게 있어요. 들어올 때와 나갈 때를 아는 거지요."

그래요. 술과 작가들에 대한 일화들은 넘치지요. 가령 포크너는 술 때문에 입원과 퇴원을 반복했어요. 헤밍웨이도 심각한 수준이었어요. 중요한 것은 그들은 술의 힘으로 협소한 자아를 넘어서 광활한 세상을 향한 그들의 비전을 글로 남겼다는 것이겠지요.

그런데 의문이 들지요? 스타인벡은 왜 이 지점에서 즐거움을 강조하는 것일까요? 지금 당장 일자리와 끼니 걱정을 하면서 말이죠. 그것이 이 소설의 장점이고 힘입니다. 그는 난민들의 비참함만을 보여주는 게 아니에요. 그는 고난 속에서도 일하고 즐기는 사람들의 모습을 보여줌으로써 이들이 계속 살아가는 힘이 어디서 오는지를 확인해요.

뒤이어 토요일 밤 댄스파티에 대한 자세한 묘사가 나와요. 해가 지고 어둠이 내리자 캠프 한편에 무대가 만들어집니다. 환한 조명이 들어오고 밴드가 연주를 시작하면 힘든 한 주일을 보낸 뒤 저녁식사를 끝내고 아이들과 여자들, 남자들이 무대 주위로 모여요. 머리를 예쁘게 묶고 분홍색 무명 원피스를 입은 처녀들의 상기된 모습이 상상되는지요. 푸른색 데님 셔츠를 입은 청년들의 설렘이 느껴지는지요.

조드 일가의 어머니, 아버지, 톰과 앨, 그리고 로저샨과 어린 두 동생도 무대 주위로 모여들고 이웃 천막에서 초대받은 사람들도 들어와요. 조명들은 더 반짝이고 기타와 하모니카와 바이올린 소리가 더 빠르고 경쾌해져요. 흥이 절로 나지요?

이 댄스파티를 통해 우리는 사람들이 힘든 나날 속에서도 즐거움을 누리는 모습을 확인해요. 그리고 경찰들이 이 파티에 선동꾼들을 몰래 들여보내 난동을 부리려고 했던 계획은 무산돼요.

또 우리는 알게 돼요. 과수원 임금을 낮추기 위해 농장주들은 산악지대에서 노동자들을 데려오려고 해요. 그리고 이 공동체의 아이들은 근처 학교에서 더러운 오키들이라고 따돌림을 당해요. 그럴수록 이날 밤의 축제와도 같은 시간은 소중해요. 젊은이들은 무대에서 춤추고 나이든 사람들은 그들을 바라보며 젊었던 시절을 떠올리고 미소 지어요. 이런 장면들을 통해서 작가는 이런 소박한 기쁨조차 빼앗는 것이 누구인지, 무엇인지, 독자에게 계속 묻고 있는 것이지요.

곧이어 그는 빗나간 과학 기술 문명과 인간의 탐욕이 초래한 재앙에 대해 말해요. 이를 증명하기 위해 캘리포니아의 봄을 찬란하게 묘사해요. 과수원과 채소밭에 포도와 오렌지, 상치와 콜리플라워 등이 눈부십니다. 과학자들과 원예학자들의 도전정신은 품종 개량을 가져오고 더 크고 더 많은 포도와 배와 오렌지와 복숭아들이 열려요. 젖과 꿀이 흐르는 천국이 거기 있어요.

그런데 상상하지 못했어요. 살충제와 비료는 과잉 생산을 가져와요. 가격 폭락과 파산과 실직 사태가 와요. 부농과 대기업과 은행은 폭리를 취하고 노동자들은 절망과 분노에 휩싸여요.

■ ■ ■ 사람들은 그물을 가져와 강물에 떠내려가는 감자들을 건지려 하지만 보초들이 그들을 밀어낸다. 덜컹이는 차를 타고 와서 무더기로 버려진 오렌지들을 가져가려 하지만 휘발유가 뿌려져 있다. 그들은 떠내

> 려가는 감자들을 쳐다보고 도살당해 생석회에 묻히는 돼지들의 비명소리를 듣는다. (…) 사람들의 눈에는 열패감이 어린다. 굶주린 이들의 눈 속에서 분노가 점점 커진다. 사람들의 영혼을 가득 채운 분노의 포도들이 점점 자라난다. 수확을 향해 점점 익어간다. (349)

그래요. 믿고 찾아온 약속의 땅 캘리포니아에서 그들은 어떤 희망도 발견하지 못해요. 작가는 난민들의 절망이 분노로 변하는 것을 보여줘요. 사람들의 영혼에 시한폭탄처럼 쌓여가는 분노는 곧 폭발할 것입니다.

얼마 전 다큐에서 보았던 유발 하라리의 말이 생각나요. 그는 자본주의 사회의 양극화에 대해 이렇게 진단해요. 빈부 격차가 극도로 심해지고 계층 간의 공감 능력이 소멸되면 경찰국가 또는 독재국가의 위험이 있다고요. 그리고 슈퍼 리치를 향한 박탈당한 이들의 불만과 분노가 폭력의 씨앗이 된다는 것이지요. 그래요. 스타인벡은 이미 이 소설에서 1930년대 대공황 시대 시장만능주의의 재앙을 이렇게 진단하고 있었던 것이지요.

The Grapes of Wrath

제8강

다시 조드 일가는 자치 공동체를 서둘러 떠나지 않을 수 없어요. 수세식 변소가 있고, 샤워를 할 수 있고, 자치적으로 살 수 있지만, 일을 구하지 못하면 먹을 것이 없어요. 끼니를 거르지 않고 먹는 일의 엄정함, 한 끼의 무서움을 언제 절감한 적이 있나요? 이번에도 당장 먹을 것이 없어지자 어머니가 결단을 내려요.

조드 일가는 이른 새벽 목화 따는 일자리가 많다는 북쪽을 향해 달려요. 큰 못에 찔려 타이어가 펑크 나고, 톰과 앨은 힘을 합해 위기를 넘겨요. 두 형제가 문제를 해결하는 모습이 자세하게 묘사됩니다.

한 남자가 접근해요. 신사복에 금시계를 찬 그는 조드 일가에게 북쪽에 일자리가 많으니 서두르라고 해요. 그들은 희망에 부풀어 남자가 말해준 곳을 향해 달려요. "우리 식구들, 남자가 넷이니까 곧 신용카드를 발급받겠지. 커피도 사고 고기도 사야지. 아, 우유도 사야지." "방을 구해야지, 겨울이 오는데. 곧 로저샨이 해산하는데…" 어머니가 들떠서 말해요. 톰도 거들어요. "담배를 사야지. 담배를 피워본 적이 언제야?" 앨도 말해요. "나는 시내에 방을 얻고 취직할 거야."

이해할 수 있지요? 계획을 세우는 가족들의 눈에 아침 햇살에 밝아오는 길 좌우의 풍경이 환해요. 푸른 과수원들, 장미꽃들, 하얀 집들. 그러나 조드 일가가 거쳐온 고난을 지켜본 우리는 이 갑작스러운 낙관적인 상태가 오히려 불안해요.

과연 가족들의 기대가 신기루였음이 밝혀집니다. 이들은 낮은 임금 때문에 파업하는 노동자들과 이를 진압하는 경찰들이 충돌하는 것을 목격해요. 노동자들은 갈수록 벼랑 끝에 몰려요. 남자들의 고함소리가 들리고 모터사이클을 탄 경찰들과 총을 멘 보초들이 서 있어요. 사정인즉 이래요.

과수원에 먼저 와서 과일을 따고 있던 일꾼들은 임금이 낮아지자 파업을 하는 중입니다. 우리가 이미 알고 있는 이유들이 여기서 자세하게 반복돼요. 전국에 뿌린 전단지를 보고 수천 명의 노동자들이 모여들어요. 임금은 더 낮아지고 대여섯 명의 식구가 어린아이들까지 새벽부터 밤까지 사과를, 오렌지를 따지만 밀가루와 베이컨으로 겨우 허기를 달래요. 굶주린 이들이 임금 인상을 요구하며 파업을 하면 넘쳐나는 일손들이 곧 그 자리를 채워요. 그래요. 금시계를 차고 조드 일가에게 과수원 가는 길을 가르쳐준 그 남자는 거간꾼이었어요. 이렇게 우리는 일꾼들의 파업 현장을 처음 목격하게 되고 이곳에서 파업을 주도하는 케이시를 만나요.

파업이 진행되는 동안 조드 일가는 대체 인력으로 급히 과수원에 투입돼요. 만삭의 맏딸을 제외한 온 가족이 필사적으로 과일을 따요. 이들이 꿈에 그리던 일이었어요. 그러나 기대와 현실의 괴리를 보세요.

스타인벡은 이 부분을 생생하게 묘사해요. 감정이 배제된 그의 리얼한 묘사에 숨을 멈추게 됩니다. 가족들은 쉴 새 없이 과일을 하나하나 따서 한 상자, 두 상자, 채워요. 과일에 상처가 나지 않도록 조심해요. 상자를 다 채우면 저울에 재고 값을 받아요. 한 상자에 5센트. 가족이 종일 일해서 20상자를 채우고 1달러를 받아요. 그들은 1달러어치의 어음을 받아 과수원 직영 협동조합이 운영하는 가게에서 저녁거리를 사요. 어머니가 집어 드는 감자, 빵, 커피. 20센트, 15센트, 30센트… 물건 값을 꼼꼼히 적어요. 한 푼 한 푼이 금쪽입니다.

왜 이렇게 세세하게 묘사하는 것일까요? 하루 일해서 한 끼 먹어야 하는 절박함이 전달됩니다. 어머니는 커피에 넣을 설탕을 꼭 사오라고 했던 톰의 말을 기억해요. 가게 주인에게 말해요. "우리 식구들이 아직 과수원에서 일하고 있어요. 곧 어음을 가져올 테니 설탕 10센트어치를 먼저 주세요." 이 자리를 잃는 것이 두려운 가게 주인은 거절해요.

그런데 잘 보세요. 다음 순간 어떤 일이 일어나는지, 작가가 이 장면에서 무엇을 강조하는지. 가게 주인은 잠시 망설이더니 자기 주머니에서 10센트를 꺼내 기계 속에 넣어요. 그리고 어머니에게 넉넉하게 설탕을 퍼줍니다. 어음을 가져오면 내 돈을 도로 찾지요, 그렇게 말하는 그의 얼굴에 더 이상 두려움은 없어요.

보셨지요? 작가는 살벌한 생존 경쟁의 현장에서도 사람 사이의 이런 작은 배려들이 살아 있다는 것을 놓치지 않아요. 확실하게 보여줘요. 반복하지만 이것이 이 소설의 힘이에요. 가게 주인이 건네는 설탕 봉지를 받아들며 어머니가 하는 말에 주목하세요.

■ ■ ■ 어머니는 그를 자세히 보았다. 그녀는 저절로 손을 내밀어 작은 설탕 봉지를 팔에 안았다.

"고마워요."

그녀는 조용히 말하고 문으로 가더니 다시 돌아섰다.

"좋은 것 한 가지를 배우네요. 매일, 언제나 배워요. 어려움에 처하거나 상처입거나 도움이 필요할 때는 가난한 사람들을 찾아 가라는 것. 도움을 주는 건 그 사람들이에요. 그들뿐이에요."

그녀가 나간 뒤 문이 닫혔다.

그 작은 남자는 카운터에 팔목을 세운 체 놀란 눈으로 그녀의 뒷모습을 보았다. (377)

어머니의 말, 힘들 때 도움을 주는 것은 가난한 사람들뿐이라는 이 말을 우리는 윌슨 부부와 조드 일가를 통해서도 확인했어요. 그래요. 이 소설은 굶지 않기 위해 필사적으로 일거리를 찾아가는 난민들의 험난한 나날을 기록하고 있어요. 그러면서 이들을 지탱해주는 것이 사람 사이의 작지만 결정적인 도움이라는 것을 곳곳에서 보여주고 있어요. 척박한 현실 속에서 이들이 얻게 되는 인간에 대한 소중한 깨달음이지요.

조드 일가는 이날 종일 과일을 따고 저녁식사를 했어요. 베이컨에 설탕 넣은 커피도 마셨어요. 톰은 밖으로 나가 어둠 속에 모여 있는 남자들에게 갑니다. 여기서 스토리의 큰 진전이 있어요. 케이시를 기억하지요? 후버빌에서 소요가 일어난 밤, 경찰과의 충돌 속에서 케이시는 톰을 피신시키고 대신 연행되어 갔었지요? 이날 밤 이 파업 현장에서 톰은 케이시를 만나요. 그는 파업을 주도하고 있었어요. 이들이 파업하는 이유는 농장주들이 약속했던 5센트 내신 2.5센트를 주기 때문이지요. 농장주들은 지금 톰 일행에게 5센트를 지불하지만 파업이 끝나는 즉시 2.5센트를 줄 거예요.

이날 밤 이곳에서 일어나는 일은 톰에게 결정적인 변화를 가져옵니다. 톰은 노동운동가로 변한 케이시의 말과 행동을 목격하게 돼요. 그동안 보아온 케이시의 말과 행동을 돌이켜보세요. 그는 앞에 나서지는 않았지만 피난민들의 문제를 파악하고 무슨 일이 일어날 것을 예감하고 있었지요. 그런데 지금은 확신을 가지고 전면에 나섰군요. 누가 그를 변화시킨 걸까요? 감옥에서 만난 사람들입니다. 그가 톰에게 하는 말을 들어보세요.

■ ■ ■ "그들은 좋은 사람들이거든. 그들을 나쁘게 만든 것은 필요한 것들이 없어서, 그것들을 구해야 했기 때문이었어. 그때 나는 알게 되었지. 모든 문제를 일으킨 것은 결핍이었어. (…) 어느 날 교도소에서 상한 완두콩을 주더라고. 한 사람이 소리 지르기 시작했어. 하지만 아무 반응이 없었어. 그는 죽을 듯이 더욱 비명을 질러댔어. 모범수가 오더니 들여다보고 갔어. 그러자 다른 사람이 소리를 질렀어. 그러자 우리 모두 난리를 치며 고함을 질러댔어. 계속 질렀어. 탱크가 엄청나게 부풀어 올라 커지는 것 같았어. 세상에! 그러자 일이 난 거지! 그들이 달려왔어. 우리에게 다른 음식을 줬지. 다른 음식을 줬다고. 알겠어? (382)

케이시는 무엇을 강조하는 걸까요? 잘못을 바로잡는 것은 한 사람 힘으로는 부족해요. 여럿이 일제히 맹렬하게 저항해야 해요. 그래요. 부조리한 제도가 하루아침에 조용하게 고쳐질 리가 없지요. 희생을 감수하더라도 다 같이 줄기차게 요구해야 하는 것이지요. 케이시는 또 감옥에서 이런 말도 들었어요. "우리에게는 약간의 전진이 있을 때마다 약간의 후퇴가 있을 수 있다. 그러나 완전한 후퇴는 없다. 다시 말해 우리가 하는 일이 헛되게 보일지라도 사실은 헛된 것이 아니란 것을 뜻한다."

트럼프가 미국 대통령에 당선되자 오바마가 말했지요. "역사는 한 발 전진하고 몇 걸음 후퇴하는 듯하지만 다시 전진한다." 그러니까 역사의 발전은 직선이 아니라 한 발 나가면 두 발 물러서는 듯하다가 다시 앞서가는, 다시 말해 유선형으로 진행된다는 뜻인가요? 우리가 늘 듣는 소리입니다. 이런 신념은 개인의 삶에서도 명심해야 한다는 생각이 들어요.

이날 톰과 케이시의 만남의 중요성은 앞으로 톰의 변화를 통해 나타날 것입니다. 곧이어 큰 소요가 일어나요. 농장주들은 파업을 깨뜨리기 위해 다른 노동자들을 투입해요. 그래요. 그들은 자신들의 손을 더럽히지 않고 노동자들끼리 싸우게 만들어요. 케이시는 몰려온 이들에게 외쳐요. "우리를 굶주리게 할 권리가 당신들에게 없소."

서로 폭력을 휘두르고 희생자가 생겨요. 그들은 케이시를 빨갱이로 몰며 곡괭이를 던지고 케이시는 피를 흘리며 죽어요. 격분한 톰이 다시 곡괭이를 던지고 누군가 쓰러져 죽은 듯해요. 케이시가 폭력에 희생되는 이 장면은 간단하게 처리돼요. 파업에서 폭력까지 개입된 자본의 보이지 않는 횡포, 작가는 그것을 강조하는 것이지요.

자, 심하게 부상당한 톰은 가족들에게 돌아와 사태를 말한 뒤 급히 떠나겠다고 합니다. 지금까지도 그랬지만 이제부터 어머니는 더욱 더 긴박한 상황에서 작전 명령을 내리는 사령관이 됩니다. 어머니는 톰에게 말해요. "함께 가자. 아무도 널 숨겨주지 못해, 넌 아무도 믿을 수 없지만 우리를 믿을 수 있지. 상처가 나을 동안 우리가 널 먹일 수 있어."

어머니의 이런 용기는 어디서 오는 것일까요? 톰은 가족과 동행해요. 그들은 일사불란하게 트럭에 매트리스를 깔고 그 속에 톰을 숨겨요. 총을 든 경찰들의 검문을 따돌리며 어두운 새벽 속을 달려요. 이제부터 조드 일가는 막바지 위기로 몰리고 그럴수록 어머니의 순발력과 생존 의지, 가족들의 단결이 강조됩니다.

고속도로 주변에 '목화 따는 일꾼 원함.'이라고 쓴 팻말들이 서 있어요. 전단지를 보고 사람들이 몰려들어요. 수백 명이 필사적으로 목화 따는 일에 매달리는 모습, 이런 장면은 목화 문화를 배경으로 하는 남부 소설에서도 쉽게 만나기 어려워요.

보세요.

가방이 필요해요. 일꾼들은 1달러짜리 가방을 받고 그 돈은 임금에서 제해요. 허리에 가방을 묶고 어른 아이 할 것 없이 맹렬하게 목화를 따요. "내 손가락은 목화 봉오리를 얼마나 잘 따는데. 눈으로 볼 필요도 없어." "목화 따는 기계에 대해 들은 적 있어? 일꾼들이 일자리를 잃겠어." "저울을 잘 봐."

자동차들이 목화밭으로 들어가요. 커다란 흰 목화 뭉치들이 압축기로 들어가요. "겨울이 오는데, 일거리가 없어지고 있어." "전단지를 본 사람들이 천여 명 몰려오고 있대." "3달러 벌었어." "오늘밤은 베이컨을 먹을 수 있어. 맛있는 비스킷도 구울 거야."

조드 가족은 목화 따는 일을 계속하면서 개울가 천막촌에 합류합니다. 톰은 상처가 나을 때까지 근처 덤불숲으로 피신해요. 이때 어머니와 톰이 주고받는 말이 쉽게 잊혀지지 않아요. "너 조심해라. 얼굴에 상처가 크게 날 텐데." "어머니, 상처 없는 사람은 없어요."

상처, 이런 이야기가 생각나요. 어느 여자고등학교 30주년 동창회. 깊은 밤 오랜만에 중년 여자들이 둘러앉아 살아온 이야기를 해요. 이런 분위기 아시지요? 갑자기 한 사람이 외쳐요. "몸에 칼 댄 자국 있는 사람들, 모두 나와봐라." 침묵이 흐른 뒤 한 사람, 두 사람, 나중에는 우르르 나가요. 남아 있던 사람은 몇 명뿐. 그중 한 사람이 나중에 말했어요. "팔자 좋게 살아왔다고 속으로 뽐내기도 했는데, 그날 나는 많이 울었어. 헛똑똑이였다는 생각이 몰려왔어." 이 말을 이해할 수 있나요? 몸에 난 칼자국 또는 상처, 살아온 힘든 순간들, 어려운 일들. 그 동창은 삶의 어려움에서 면제된 것 같은데, 왜 울었을까요?

계속하지요. 조드 일가의 마지막 거처가 된 이곳, 화개차들이 여섯 대씩 두 줄로 서 있어요. 방수, 방풍이 되어 있고 창문은 없지만 넓은 문들이 열려 있어요. 조드 일가는 맨 끝줄에 한 칸을 얻어요. 어머니는 자치 공동체만큼은 못해도 만족해요.

이곳에서 이 가족에게 참으로 오랜만에 일상의 윤곽이 갖추어지는 것에 주목하게 됩니다. 목화 따는 일이 계속되는 한 먹을 수 있고 자잘하게 필요한 것들도 살 수 있습니다. 보세요.

온 식구가 종일 일해서 3달러 50센트를 벌면, 베이컨과 돼지고기, 설탕, 우유, 아이들에게 과자 한두 봉지도 사줄 수 있어요. 어머니는 덤불 속에 숨어 있는 톰에게 매일 끼니를 챙겨 가요. 이웃과의 왕래도 생기고 서로 저녁 메뉴를 말하기도 해요. 그래요. 이 척박한 상황에서도 일을 할 수 있는 한 일상이 가능한 것을 작가는 거듭 강조합니다. 조드 일가에게 이런 소박한 일상이 당분간만이라도 계속되기를, 오랜만에 허용된 이 작은 평온이 지속되기를 바라게 돼요.

그러나 일상은 도처에 위기를 감추고 있습니다. 원래 그렇기는 하지요. 조드 일가의 막내 여동생이 이웃 아이들에게 오빠 자랑을 하다가 톰이 숨어 있는 곳을 말해버렸어요. 어머니가 대처하는 모습을 보세요. 겁에 질린 어린 딸을 안심시키고 늘 하던 대로 밤 늦게 저녁밥을 챙겨 덤불 속으로 가요. 어머니와 톰의 마지막 만남입니다. 톰은 로스앤젤레스로 피신하기로 해요. 어머니는 아들을 기억하기 위해 어둠 속에서 그의 상처 난 얼굴, 내려앉은 코를 찬찬히 손으로 만져요. 챙겨두었던 7달러를 한사코 받지 않으려는 아들의 손에 쥐어줘요.

어머니와 톰이 나누는 대화입니다. 이때 톰이 하는 말은 이 소설의 핵심입니다. 모든 사람이 서로 연결되어 하나의 큰 연대를 이룬다는 말, 케이시가 톰에게 강조했던 말이 여기서 반복됩니다. 보세요.

■ ■ ■ " (…) 난 그동안 내내 케이시가 했던 말을 생각하고 있었어요. 그는 이렇게 말한 적이 있어요. 영혼을 찾으러 광야에 나갔는데 자기 영혼이라는 건 없다는 걸 알았다고요. 자기 영혼이란 하나의 큰 영혼의 일부분이라는 것을 알았다고요. (…) 자기의 작은 영혼은 나머지 큰 영혼과 합해져서 온전해지지 않는 한 소용없으니까요. (…) 나도 지금은 알아요. 사람이 혼자서는 아무 일도 못 한다는 것을. (…) 전도서에 나오는 거래요. (…) "두 사람이 혼자보다 나은 것은 그들은 수고해서 일하면 많은 상을 받기 때문임이라. 그들이 넘어지더라도

한 사람이 옆사람을 일으켜 세우기 때문임이라. 그러나 혼자 있을 때 넘어지면 그를 일으켜 세워줄 사람이 없으리라."(418)

톰은 자기의 소망을 말해요. 외부 경찰도 없고 서로의 의견을 존중하고 질서 있게 운영되는 그런 공동체를 만들고 싶다고 해요. 그러면서 절박하게 외쳐요.

■ ■ ■ "어머니, 나는 줄곧 생각했어요. 우리 같은 사람들은 돼지처럼 사는데, 그 비옥한 땅들은 버려져 있어요. 한 사람이 수백 만평의 땅을 소유하고 있는데 수백 수천 명의 부지런한 농부들은 굶주리고 있어요. 난 생각해요. 우리 같은 사람들이 모두 함께 들고 일어나 외치는 거예요. (…) 그래요. 그들은 나를, 우리 같은 사람들을 추격하고 있어요. 가진 자들, 공권력, 금력을 가진 자들은 우리 같은 사람들을 대대로 살아온 토지에서 몰아내고 있어요." (419)

그래요. 톰의 이 말은 지금까지 우리가 보고 들은 캘리포니아의 현실, 캘리포니아가 대변하는 아메리칸 드림의 실체를 보여주고 있어요. 톰은 가차 없이 그 현실을 고발해요. 부당하게 쫓겨난 사람들이 힘을 모아 이런 현실을 공고하게 만드는 권력과 금력을 가진 자들에 대항하여 싸울 것을 역설해요. 어떠세요? 전혀 낯선 주장이 아닙니다. 오늘날에도 우리는 세계 거대

도시 곳곳에서 이런 외침과 행동을 목격하고 있어요. "월가를 점령하라", 귀에 울리고 있어요.

자, 그런데 톰은 왜 이 시점에서 케이시의 말을 되살리는 것일까요? 그가 케이시의 믿음을 받아들였고 실천해나갈 것임을 암시하는 것이지요. 케이시의 말처럼 이제 그의 영혼은 큰 영혼의 일부분입니다. 그래서 그는 투쟁이 있는 곳, 삶이 계속되는 곳 어디든지 사람들과 함께 있을 거예요.

■ ■ ■ "나는 어둠 속 어디에나 있을 거예요. 나는 어머니가 쳐다보는 모든 곳에 있을 거예요. 굶주린 사람들이 먹기 위해 투쟁하는 곳이면 어디든지 거기 있을 것입니다. 경찰들이 사람을 두들겨 팰 때마다 그곳에 있을 것입니다. 나는 사방에 있을 거예요. 사람들이 분노할 때, 아이들이 배고플 때, 저녁이 준비된 것을 알고 웃을 때. 무엇보다 우리 식구들이 직접 지은 집에 살면서 농사지은 것을 먹을 때, 그때 나는 거기 있을 거예요. 이런, 내가 케이시처럼 말하는군요. 케이시에 대해 하도 많이 생각해서 때때로 그를 볼 수 있는 것 같아요." (419)

그래요. 톰의 이 마지막 말들을 통해 케이시의 사상이 다시 강조됩니다. 이는 이 소설에서 스타인벡이 전달하려고 고심했던 것, 인간의 연대의식에 대한 그의 비전이기도 합니다.

The Grapes of Wrath

제9강

자, 톰은 떠나고 그를 통해 작가의 메시지도 확인되었어요. 그러나 여전히 넘어야 할 산이 있어요. 조드 일가의 상황은 불안정하고 무엇보다 로저샨의 아기가 곧 태어날 것이에요. 그런데 이에 앞서 짚어야 할 것이 있군요. 앞에서 우리는 보았어요. 중요한 메시지가 어머니와 아들을 통해 전달되었어요. 그래요. 농본 사회에서 아버지와 아들로 이어지는 가부장 질서가 변하는 것을 피난길의 조드 일가를 따라오면서 확인했어요. 이는 톰이 떠난 뒤 이 집의 아들 앨과 이웃집 딸의 혼인에서도 확인돼요. 그동안 앨은 옆집 처녀와 만나고 있었는데 두 집안의 어머니들이 앞장서서 이들의 혼인 준비를 합니다. 반복하건대 이 와중에서도 삶은 계속됩니다.

이때 어머니와 아버지의 대화를 보세요. 두 사람의 삶에 대한 태도가 처음으로 진지하게 나타납니다. 아버지는 자신이 두고 온 고향, 과거의 방식만 생각하고 어디에서도 희망을 찾지 못하는 것을 알아요. 가장으로서 속수무책인 것도 인정해요. 그에게서 체념과 우수가 느껴져요. 가부장 질서의 흔들림, 뿌리 뽑힌 디아스포라적인 삶의 불안정성을 반영하는 것이지요.

반면 어머니는 지금 이곳에 대해서, 앞으로의 일에 대해 생각해요. 내년이면 정착할 수 있다고 확신해요. 그러면서 여자들이 남자들보다 변화에 더 잘 적응한다고 말해요. 남자들은 머리로 삶을 생각하지만 여자들은 두 팔에 그들의 삶을 다 안고 있다고 해요.

아버지와 어머니가 삶을 대하는 태도에 따라 희망과 체념이 엇갈리는군요. 지금의 상황에서는 아버지의 태도가 현실적이고 어머니의 희망은 대책 없어 보여요. 그러나 이들을 지금까지 버텨준 것은 어머니입니다. 포기하지 않고 계속 살아가게 하는 힘은 무엇인가요? 어머니의 대답입니다.

■ ■ ■ "여자들은 알아요. 살아보니까 그래요. 남자들의 삶은 단계적으로 이루어져요. 아기가 태어나고 사람이 죽으면 그게 한 단계죠. 농장을 사고 농장을 잃으면 그 또한 간헐적인 한 단계예요. 그런데 여자들에게는 모든 것이 시냇물처럼 하나의 흐름으로 되어 있어요. 소용

> 돌이치다가 폭포로 떨어지고, 그러나 강은 계속 흘러요. 여자들은 삶을 그렇게 봐요. 우리 인간은 멸종되지 않아요. 우리는 조금씩 변하지만 계속 끝까지 살아가요.
>
> (…)
>
> 내 생각에는, 우리가 하는 모든 일들이 우리를 계속 살아가게 하는 것 같아요. 굶주리고 병들고 죽고, 그러나 남은 사람들은 더 강해져요. 오직 오늘을, 오늘을 살아내려고 노력하는 거지요." (423)

그렇군요. 어머니는 삶의 단계마다 충실하면서 동시에 삶을 하나의 긴 흐름으로 파악해요. 무엇보다 매일매일을 살아가는 행위가 이들을 지탱해주는 것을 알아요. 어머니의 삶에 대한 이런 통찰력은 어디서 오는지요? 남성, 여성이라는 젠더의 특성에 대해서, 그런 특성이 형성된 오랜 사회적 관습에 대해서 생각하게 됩니다. 하여간에 어머니의 이런 지혜는 소설이 끝날 때 어머니와 딸의 역할을 통해서 다시 강조됩니다.

우리는 어머니와 아버지의 대화를 들으며 두 사람의 서로에 대한 존중과 이해, 신뢰를 느끼게 됩니다. 그래요. 작가는 하루하루 절박하게 살아가는 이들을 통해서도 이렇게 독자들을 생각하게 만드는군요.

조드 일가의 이곳의 일상도 곧 끝나게 됩니다. 혼인으로 한 집안이 된 식구들과 전단지를 보고 몰려온 수백 명이 일제히 목화를 따는 장면이 이어지다가 어느 날 갑자기 큰 폭우가 쏟아져요. 이때부터 소설의 마지막 두 장은 쉴 새 없이 쏟아지는 폭우 속에서 전개돼요. 홍수 속에서 남자들이 필사적으로 둑을 쌓아 올리고 천막 안에서 로저샨의 격렬한 해산 진통이 이어져요.

다시 막간. 작가는 이 마지막 에세이에서 폭우가 계속될 경우 어떤 일이 일어날 것인지를 인류 멸망을 예언하듯 무거운 어조로 묘사하고 있어요. 보세요. 강물은 순식간에 숲과 과수원과 목화밭을 삼키고 고속도로까지 점령합니다. 텐트 안은 물바다가 되고 트럭들은 진흙탕에서 움직일 수 없고 어른들은 아이들과 노인들을 업고 높은 지대를 향해 허우적거려요.

공포와 분노, 배고픔, 이런 단어들이 반복돼요. 굶주림과 전염병 속에서 아이들과 어른들은 구걸하러, 훔치러, 진흙탕 속을 헤치고 도시로 나가요. 사람들은 문을 잠가요. 무장한 경찰들이 내쫓아요. 이들은 격분해요. 어느 날 비가 멎겠지요. 그러나 봄이 올 때까지 일을 구할 수 없어 난민들은 굶어야 합니다. 남자들의 얼굴에 분노가 가득해요.

이 소설의 제목이 '분노의 포도'였지요? 앞에서도 말했지만, 남자들의 분노가 살아 있는 한 삶은 계속될 것입니다. 어느 날 땅을 뚫고 작은 풀들이 나오고 언덕은 연두색이 됩니다. 작가가 연두색 풀과 난민들의 생존 의지를 연결시키는 것에 주목하세요.

다시 조드 일가와 함께 가보지요. 스토리의 반전이 두 번 오는데 작가의 의도를 생각하면서 읽습니다. 자, 보세요. 폭우는 계속되고 번개가 치고 뿌리 뽑힌 나무들이 거꾸로 뒤집히고 강둑은 무너집니다. 남자들의 삽질은 자연의 소용돌이에 맞서는 목숨을 건 사투와도 같아요.

천막 안에서는 두 집안의 어머니들이 램프 불을 밝히고 탯줄 끊을 가위를 준비합니다. 숨죽이고 산모의 비명 사이로 터져 나올 아기의 첫 울음소리를 기다려요.

스토리의 첫 번째 반전입니다. 아기는 사산입니다. 처음부터 숨을 쉬지도 못했어요. 이 부분은 두어 줄로 처리됩니다. 산모가 거쳐 갔을 감정에 대해 말하지 않아요. 괜찮다, 다시 좋아질 거다, 어머니의 말과 산모의 불어나는 젖에 대해 두어 마디 언급할 뿐입니다. 산모는 사태를 알아차린 뒤 다시 탈진 상태에 빠져요.

두 번째, 소설이 끝나는 장면은 독자들의 예상을 넘어서요. 사건의 절정에서 딱 멈춘 듯해요. 보세요. 가족들은 엄청난 홍수 속을 헤쳐 가며 멀리 보이는 언덕을 향해 나서요. 떠내려 갈 듯 허우적거리며 나아가는 이들의 모습이 자세하게 묘사됩니다.

가족들은 탁류 속으로 휩쓸려 갈 뻔한 고비를 넘겨가며 언덕 위에 도달해요. 작은 헛간을 발견하고 안으로 들어가요. 자, 여기서 창세기 노아의 방주를 떠올리지 않을 수 없어요. 하나님은 타락한 인간들을 징벌하러 대홍수를 내려요. 의로운 노아는 신의 징벌이 오고 있음을 알고 배를 만들어 가족과 갖가지 암수 짐승들과 새들을 배에 태워요. 정결한 짐승 암수 일곱 마리씩, 부정한 짐승 암수 한 마리씩, 그리고 새 암수 일곱 마리씩. 재미있지요? 왜 부정한 짐승도 포함했을까요? 선과 악의 공존, 이것을 암시하는 걸까요? 그러나 의로운 사람들만 선택받는군요.

이는 홍수 설화에서 온 것이라고 하지요. 범람하는 대홍수를 하나님의 심판으로 보고, 배는 교회로 봐요. 신은 타락한 인간들을 대홍수로 응징하지만, 의로운 자들을 구원하여 생명을 보존한다는 것이지요. 그렇다면 이제 곧 헛간 안에서 일어나는 일은 노아의 방주가 암시하는 생명의 연속성이라는 맥락에서 이해할 수 있지 않을까요?

천신만고 끝에 조드 일가는 헛간으로 들어가요. 어둠 속에 아사 직전의 한 남자가 누워 있어요. 남자 옆에 있던 어린 아들이 이들을 보자 숨이 끊어질 듯 비명을 질러요. "엿새 동안 굶었어요. 내가 마을에 나가 빵을 훔쳐왔는데 아버지는 그걸 먹고 다 토했어요. 우유 살 돈 있으세요?" 밖에는 폭우가 쏟아져요. 어떻게 할까요? 보세요. 다음 순간 어머니와 딸 사이에 소리 없는 교감이 일어나요. 그 교감은 곧이어 어머니와 로저샨의 행동으로 나타나요.

■ ■ ■ 어머니는 이불 속에 웅크리고 있는 딸을 보았다. (…) 두 여자는 서로의 눈 속을 깊이 들여다보았다. 딸이 짧고 가파른 숨을 내쉬었다. 그리고 말했다.

"알았어요."

어머니가 미소 지었다.

"그럴 줄 알았어. 난 알고 있었어!"

그녀는 자기 무릎에 놓인 꼭 쥔 두 손을 내려다보았다.

딸은 낮게 말했다.

"모두, 모두, 나가줄래요?"

비가 지붕에서 소리를 냈다.

(…)

잠시 로저샨은 빗소리가 들리는 헛간에 조용히 앉아 있었다. 그러더니 지친 몸을 추슬러 일어나 이불로 감았다. 천천히 구석으로 가서 그 앙상한 얼굴을, 그 크고 겁에 질린 두 눈을 내려다보며 서 있었다. 그러더니 천천히 그의 옆에 누웠다. 남자는 천천히 고개를 가로저었다. 로저샨은 담요 한 귀퉁이를 풀고 가슴을 드러냈다.

"그래야만 해요."

그녀가 말했다. 그녀는 그의 머리를 더 가까이 끌었다.

"됐어요."

그녀의 손이 그의 머리 뒤를 받쳤다. 그녀의 손가락이 그의 머리카락을 부드럽게 쓸었다. 그녀는 눈을 들어 헛간을 보았다. 그녀는 입

술을 다문 채 신비한 미소를 지었다. (454–455)

이 장면은 충격적일 수 있어요. 그러나 작가는 이 장면이 있기 전에 독자를 준비시켰어요. 폭우를 뚫고 구사일생으로 가족들은 노아의 방주를 연상케 하는 언덕 위 헛간으로 피신했어요.

그래요. 아기를 사산하고 몸과 마음이 피폐해진 로저샨이 처음 보는 아사 직전의 남자를 살려내는 행동을 인습적으로는 납득하기 어려워요. 아사 직전의 남자는 여전히 규범을 의식하지만, 그런 태도가 문명을 지탱해주는 것이기도 하지만, 지금 작가는 로저샨의 행동을 통해 생존이 규범을 앞선다는 것을 증언하고 있는 듯해요. 알 듯 모를 듯한 로저샨의 미소가 생명의 신성함과 경이로움을 암시하는 듯해요.

이 장면에서 우리는 다시 케이시의 말을 상기합니다. "개인의 작은 영혼은 큰 영혼과 연결되어 있다. 우리의 작은 행동은 인류 전체의 생명으로 이어진다." 그렇다면 말이지요, 로저샨의 행동은 살아 있는 모든 생명을 긍정하는 것이 아닐까요?

어떠세요? 작가는 길 위로 밀려난 실향민들의 이 대서사를 이렇게 극적인 방식으로 마무리 짓고 있군요.

The Grapes of Wrath

강의를 마치며

자, 우리가 소설 한 권을 또 읽어냈네요. 이번에 여러분과 함께 『분노의 포도』를 읽으면서 이 소설이 스테디셀러가 된 이유를 새삼 확인했어요. 다시 정리해볼까요?

스타인벡은 이 소설에서 대공황 시대 이주 농민들의 참상을 통해 붕괴된 자본주의의 실체를 고발하고 있어요. 그는 대대로 농사지으며 흙과 공존해오던 조드 일가가 뿌리 뽑혀 난민이 되는 과정, 일자리를 찾아가는 험난한 피난의 과정, 캘리포니아에서 농장주들의 횡포와 현지 주민들의 차별에 맞서는 과정을 보여줍니다. 이를 통해 기계화와 산업화, 과학기술에 대한 맹신이 초래하는 삶의 황폐함을 폭로해요.

동시에 작가는 이 과정을 통해 이주민들이 서로 도우며 상생

하는 모습을 상세하게 보여줍니다. 그들이 환대, 예의, 규칙 엄수 등 피난길에서도 사람살이의 긍지와 자존감을 지키는 모습을 강조해요. 이것이 이 소설을 분노와 증오가 지배하는 고발소설과 구별해줘요.

우리가 주목하는 것은 이주 농민들의 디아스포라적인 과정이 반복되면서 그들의 의식이 변화한다는 것이지요. 나 혼자가 아니라 우리 함께라는 연대의식이 생깁니다. 그러면서 집단의 힘을 깨달아요. 사람들끼리의 연대감, 이것이 작가가 역설하는 메시지예요. 개인의 영혼은 우주의 큰 영혼과 연결되어 있다는 에머슨의 오버소울 사상에 근거하고 있는 이 정신은 목사 짐 케이시를 통해, 그리고 그의 영향을 받은 톰의 각성을 통해 확인됩니다. 내가 어디에 있든지 나는 언제나 고통받는 사람들과 함께 있을 거라는 톰의 말을 상기해보세요. 그래서 이 소설의 주인공은 개인이 아니라 집단입니다.

이 소설을 읽기 위해서는 1930년대를 이해하는 것이 중요해요. 월가가 붕괴되고 실업 인구가 급증해요. 더스트 볼 지역에는 가뭄과 먼지바람이 몰려와요. 세계적인 경제 침체가 계속되고 나치가 독일을 장악하고 3년여 지속되던 스페인 내전이 프랑코의 승리로 끝나요. 헤밍웨이, 조지 오웰, 로버트 카파 등 당대의 예술가들이 참전했던 이 전쟁은 2차 대전의 도화선이 됩니다. 무엇보다도 이 시대 지식인들은 공산주의 이념에 열중

해요. 혁명 이후의 러시아가 병든 자본주의를 대신할 강력한 대안으로 떠오른 것이지요. 그러나 '붉은 10년'의 여파는 이후 미국 사회에 매카시즘 등 심각한 후유증을 가져옵니다.

그래요. 불안한 격변의 시대였어요. 이 시기에 미국 지식인들과 예술가들은 사회적인 책임과 역할을 강조하게 됩니다. 그들은 자신들의 글과 그림이 사회를 변화시키기를 바랐어요. 소수 민족과 문화에 대한 그들의 관심도 높아져요. 인류학이 활발해지고 유명한 루스 베네딕트의 일본 문화 연구서 『국화와 칼』도 이때 등장하지요.

참여문학, 고발문학이 대세를 이루는 이 시대에는 다양한 배경을 가진 작가들이 등장해요. 가령, 1920년대의 작가들이 피츠제럴드, 헤밍웨이 등 중산층 백인 남성 중심이었다면 이 시기에는 가난한 이민자 가정, 노동자 집안 출신 작가들이 출현해요. 공장 지대, 도시 빈민가, 낙후된 농촌의 삶 등 문학 지평이 더욱 현장감 있고 다채로워집니다.

여러 형태의 다큐멘터리 문학이 활발해져요. 작가들은 낙후된 지역의 삶을 글과 사진으로 담아 자본주의 사회의 명암을 보여줘요. 동시에 소외된 사람들의 일상에서 삶의 의연함을 발견해요. 우리가 살펴본 제임스 에이지와 워커 에반스의 다큐멘터리 『이제 우리 유명한 사람들을 찬양하자』가 대표적이지요. 이 책은 다큐문학의 절정과 한계를 동시에 보여준다는 평과 함께 오늘날 미국의 고전으로 인정받고 있어요.

스타인벡이 『분노의 포도』를 출간했을 때 그는 프롤레타리아 문학의 새로운 기수로 환영받아요. 공산주의자로 비난받기도 해요. 그러나 스타인벡은 특정 이념이나 도그마를 맹목적으로 추종하지 않아요. 그에게 문학이란 정치적 투쟁의 도구가 아니라 사회 변화를 위한 것입니다. 지금 이곳에 있는 사람들의 절박한 현실을 보여주면서 독자들의 의식이 변하고 세상이 좋아지기를 기대하는 것이지요. 그래서 그의 소설에는 냉정한 저항의식과 인간에 대한 배려가 공존합니다.

다시 되살려보세요. 이 소설은 오랜 가뭄과 폭염으로 황사먼지 자욱한 오클라호마 지역을 중심으로 전개돼요. 삶의 터전을 잃고 길 위로 내몰린 난민들의 행렬과 이들의 참상을 초래한 자본주의 실체가 반복해서 교차됩니다. 다 읽고 나면 낡은 트럭에 의지하여 광활한 미대륙을 달려 캘리포니아로 가는 이주민들의 행렬이, 그들이 겪는 이런저런 일들이 쉽게 사라지지 않아요. 개울가에 천막을 치고 마른 빵과 감자로 끼니를 때우는 것, 할아버지의 시신 앞에서 기도한 뒤 땅에 묻는 것, 고장 난 자동차를 고치기 위해 고군분투하는 것, 서부에 대한 불안과 영양실조 걸린 아이들의 울음소리. 끝없이 이어지는 뜨거운 사막….

더 강렬하게 떠오르는 장면들도 있어요. 난민들이 작은 기쁨을 누리며 즐기는 모습들이에요. 토요일 밤 천막촌의 댄스파티. 밴드는 신나게 연주하고 꽃무늬 원피스를 입은 처녀들, 깨끗한 셔츠를 입은 젊은이들이 춤을 춥니다. 나이 든 사람들은 미소를 띠고 아이들은 뛰어다녀요.

또 있어요. 종일 고속도로를 달려온 저녁, 냇가에 천막을 친 사람들이 모닥불을 피우고 둘러앉아요. 이야기를 시작하고 하모니카를 불어요. 기타와 바이올린도 등장해요.

또 있어요. 하루종일 숨차게 목화를 딴 저녁 가족들은 작은 슈퍼에서 베이컨과 빵을 사고 설탕 듬뿍 넣은 뜨거운 커피를 마시며 고마워해요. 처음 보는 사람을 아침식사에 초대하고 일자리를 나누기도 해요. 이런 순간들이 모여 사람들은 서로 격려하고 기운을 나눠요. 그래요. 고난을 거치며 즐거움을 나누는 이런 장면들은 서로 긴밀하게 연결되어 있어요.

우리는 알게 돼요. 이들이 바라는 것은 일하고 이웃과 즐거움을 나누는 것이에요. 작가는 이런 소박한 기쁨을 빼앗는 것이 누구인지, 무엇인지 계속 물어요.

반복하지요. 스타인벡은 이 소설에서 공동체를 잃은 이주 농민들을 통해 대공황 시대 위기에 처한 자본주의와 아메리칸 드림의 현주소를 보여주고 있어요. 이윤 추구와 효율성과 기계화가 초래한 삶의 황량함을 경고하고 있어요.

스타인벡이 제시하는 살기 좋은 사회에 대한 비전은 거창하지 않아요. 소설 속 자치 공동체에 나타난 것처럼 일하고 배려하면서 인간으로서의 품위를 지킬 수 있는 곳이에요. 그런 이유인 듯해요. 소설의 마지막, 벼랑 끝에 몰린 사람들끼리 생명을 나누는 모습은 일종의 충격요법으로 읽히기도 하지만, 작가가 강조하는 인간의 연대의식에 대한 절대 긍정의 메시지로 받아들일 수도 있어요. 이 장면이 주는 놀라움과 감동은 여기서 비롯될 것입니다.

자, 이제 강의를 끝내려는데, 알 수 없네요. 소설 속에 잠깐 나타났던 윌슨 부인이 계속 생각나는군요. 기억나지요? 피난길 텐트 속에서 죽음을 앞두고 되살려낸 그녀의 화양연화, 노래와 기도가 같다는 그녀의 말도 생생합니다.

그래요. 다른 사람의 어떤 요소가 우리 안의 아름다움을 일깨워낼까요?

다시 만나요. 안녕.

The Grapes of Wrath

작가 연보

1902 2월 27일 미국 캘리포니아 주 살리나스에서, 몬터레이 군청의 출납관리였던 독일계 아버지 존 언스트 스타인벡(John Ernst Steinbeck)과 초등학교 교사인 어머니 올리브 해밀턴 스타인벡(Olive Hamilton Steinbeck) 사이에서 태어남. 본명 존 언스트 스타인벡 주니어(John Ernst Steinbeck Jr.).

1919 살리나스고등학교를 졸업 후 스탠포드대학교 영문학과에 입학.

1925 대학을 중퇴하고, 뉴욕 시로 가 신문사에서 기자 일을 하며 공사 현장의 작업을 병행함.

1926 캘리포니아로 돌아와 휴양지의 잡역부로 일하며 본격적인 글쓰기에 착수함.

1929 처녀작 『황금의 잔Cup of Gold』 출간.

1930 캐럴 헤닝(Carol Henning)과 결혼. 작가로서의 본업에 총력을 쏟음.

1932 『천국의 목장The Pastures of Heaven』 출간.

1933 『미지의 신에게To a God Unknown』 출간.

1935 『토르티야 평원Tortilla Flat』 출간. 『천국의 목장』과 『미지의 신에게』에 대한 미지근한 반응과 달리 『토르티야 평원』으로 작가의 명성을 얻게 됨.

1936 『승산 없는 싸움In Dubious Battle』 출간.

1937 『생쥐와 인간에 대하여Of Mice and Men』 출간. 이 작품을 희곡화하여 재출간. 미국 희곡비평가상도 수상함.

1938 단편집 『긴 골짜기The Long Valley』 출간.

1939 『분노의 포도The Grapes of Wrath』 출간. 퓰리처상 수상.

1942 『달이 지다The Moon is Down』 출간. 첫 부인과 이혼.

1943 그윈돌린 콩거(Gwyndolyn Conger)와 결혼.

1944 8월 2일 첫째 아들 토머스 마일스 스타인벡(Thomas Myles Steinbeck) 출생.

1946 6월 12일 둘째 아들 존 스타인벡 4세(John Steinbeck IV) 출생.

1947 『변덕스러운 버스The Wayward Bus』 출간.
멕시코 민화를 기반으로 삼은 『진주The Pearl』 출간.

1948 미국 예술원 회원으로 선출됨. 두 번째 부인과 이혼.

1950 희곡 『밝게 타오르다Burning Bright』 출간. 일레인 앤더슨 스콧(Elaine Anderson Scott)과 결혼.

1952 『에덴의 동쪽The East of Eden』 출간.

1954 『즐거운 목요일Sweet Thursday)』 출간.

1961 『불만의 겨울The Winter of Our Discontent』 출간.

1962 노벨문학상 수상. 『찰리와 함께한 여행: 미국을 찾아서 Travels with Charley in Search of America』 출간.

1966 『미국과 미국인America and Americans』 출간.

1968 12월 20일 뉴욕 자택에서 심장마비로 사망.

1969 『소설 일기: 「에덴의 동쪽」 편지』 사후 출간.

1989 『작업하는 날들: 「분노의 포도」 일지Working Days: The Journals of *The Grapes of Wrath*』 사후 출간.

서숙 교수의 영미소설 특강 8

분노의 포도

펴낸날 1판 1쇄 2017년 11월 24일 | **지은이** 서숙

펴낸이 권은미 | **펴낸곳** 이화여자대학교출판문화원
주소 서울특별시 서대문구 이화여대길 52(우 03760)
등록 1954년 7월 6일 제9-61호
전화 02) 3277-2965(편집) 02)362-6076(마케팅)
팩스 02) 312-4312
전자우편 press@ewha.ac.kr | **홈페이지** www.ewhapress.com
책임편집 이혜지 | **디자인** 정혜진 | **찍은곳** (주)현문자현

ISBN 979-11-5890-251-3 04840
ISBN 978-89-7300-855-1 (세트)

값 10,000원

* 잘못된 책은 바꾸어 드립니다.

이 도서의 국립중앙도서관 출판예정도서목록(CIP)은 서지정보유통지원시스템 홈페이지(http://seoji.nl.go.kr)와 국가자료공동목록시스템(http://www.nl.go.kr/kolisnet)에서 이용하실 수 있습니다. (CIP제어번호 : CIP2017029666)